FP教本

生命保険・損害保険

目　次 contents

第1章　リスクマネジメントと保険制度

第1節　リスクマネジメント

第2節　保険制度

第2章　生命保険

第1節　生命保険の仕組みと契約

第3章　損害保険

第2節　損害保険商品

第3節　損害保険と税金

第4章　第三分野の保険

第5章　外貨建て保険

第1章
リスクマネジメントと保険制度

第1節

リスクマネジメント

① リスクマネジメントの概念

(1) リスクとは

　私たちの日常生活のなかで"リスク"という言葉はさまざまな意味合いで使われている。

《例1》「木造建物は火災リスクが大きい」

《例2》「この時期には、転職するというリスクは冒したくない」

《例3》「この投資信託はリスクが大きそうだ」

　リスクは純粋リスクと投機的リスクに大別される。

　純粋リスク（静的リスク）とは、統計的把握が容易で各種対策によるマネジメントが可能なリスクをいい、損失のみ発生するのが特徴である。たとえば、火災・自然災害等による物的リスク、各種賠償責任リスク、死亡・傷害等の人的リスク、災害による操業中止等の間接損害リスクなどがあり、上記の《例1》が純粋リスクに該当する。

　一方、投機的リスク（動的リスク）とは、統計的な把握・予測、各種対策が困難なリスクをいい、損失だけでなく利益が発生することもある。たとえば、生活様式の変化等による社会的なリスク、景気変動等の経済リスク、戦争等の政治的リスクなどがあり、上記の《例2》《例3》が投機的リスクに該当する。

　従来、保険会社では、純粋リスクを中心にリスクマネジメントを考えることが多かった。純粋リスクは、保険になじみやすいものが多く、保険会社にとっては、顧客にリスクマネジメントを提供することによって保険契約の締結につなげるという目的が大きかったためと考えられる。

　もっとも、純粋リスクでも保険では対応できない場合もあるし、投機的リスクに分類されるものでも保険で対応できる場合もある。FPとしては、予測値からマイナスに振れるリスクを中心に考えるとともに、顧客の視点に立って、純粋リスク、投機的リスクにかか

わらず、なるべく広くリスクをとらえるべきである。たとえば、個人生活におけるリスクとは、ライフプランの実現を妨げる（家計の将来のキャッシュフロー表の現況を悪化させる）さまざまな要因と考えられる。また、企業であれば、予測財務諸表を悪化させるさまざまな要因をリスクととらえることができる。

(2) リスクマネジメントとは

リスクマネジメントとは、企業活動や個人生活にどのようなリスクがあるかを洗い出し、それぞれのリスクに対して的確な対策を講じることである。主に米国で企業のリスク管理として発達した。

❷ リスクマネジメントの手法

リスクマネジメントは、一般的には、「リスクの洗い出し」→「リスクの分析・評価」→「リスクの処理」の手順に従って行う。

(1) リスクの洗い出し（発見・確認）

個人生活や企業活動を脅かすリスクにはどのようなものが考えられるのかを、チェックリストなどを用いて洗い出すことから、リスクマネジメントは始まる。

(2) リスクの分析・評価

洗い出したリスクを分析してリスクの性格や大きさを検討し、個人の日常生活および企業活動への影響度を評価する。

リスクの影響度は、一般的に「リスクの発生頻度」と「リスクが発生した場合の損失の規模」を予測することによって評価できる。リスクの影響度の評価は、どのようにリスクを処理するかを決めるうえでの目安になる。一般的に、発生頻度は小さいが損失規模の大きいリスクへの備えとして、保険が適している。

(3) リスクの処理

リスクの評価が決まると、一定の優先順位（一般的には損失の大きさの順）に従い、リスクごとに対策を講じていく。リスク対策、つまりリスクの処理方法には、「リスクコントロール」と「リスクファイナンシング」の2つがある〔図表1-1〕。

〔図表1-1〕 リスクマネジメントの手法

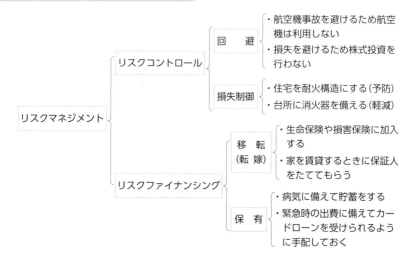

① **リスクコントロール**

　リスクコントロールとは、損失の発生を未然に防止したり、損失が発生したとしてもその損失規模を最小限にするための方法であり、「リスクの回避」と「リスクの損失制御」に大別される。

ａ．リスクの回避

　事故や災害、損失の発生する可能性を未然に除去することである。

ｂ．リスクの損失制御

　損失を発生させないようにあらかじめ手を打っておくこと（リスクの予防）や、たとえ損失が発生したとしてもその損失規模の拡大を防止・軽減すること（リスクの軽減）である。

② **リスクファイナンシング**

　リスクファイナンシングとは、損害が発生した場合にその損害をどのように処理するかという方法で、「リスクの移転（転嫁）」と「リスクの保有」に大別される。

ａ．リスクの移転（転嫁）

　発生頻度は少ないが家計や企業活動への損害が大きいリスクに対して、予想される損害の一部または大部分を生命保険、損害保険や共済などによってほかに転嫁する。

ｂ．リスクの保有

　リスクが事故として顕在化した際に生ずる損失を自己負担するもので、発生頻度があ

る程度明確で、損害額も想定する一定の範囲内に収まるようなリスクの処理に適している。

❸ 個人を取り巻く主なリスクとその管理

個人のリスクマネジメントでは、各個人の生き方・暮らし方がライフデザインに大きく関わるため、経済的合理性だけでは解決できない点もある。つまり、自分や家族が思い描くライフプランを妨げる要因であれば、経済的な損失を伴うものでなくても、「リスク」になりうる。そのような要因は個別性が強く、各個人や家族によってさまざまである。

ここでは、一般的にリスクと認識されやすい経済的な損失を伴う要因を中心に解説する。

(1) 人に関するリスク

① 死亡リスク

家族にとっては、収入の担い手の死亡が最大のリスクである。最近ではいわゆる共働きのケースが多くなっており、夫と妻それぞれの死亡リスクに対応する必要性が高まっている。また、一般に個人事業主の場合、会社員などと比べて、公的な遺族年金給付が少ないことから、死亡による経済的損失はより深刻である。

② ケガ・病気のリスク

ケガ・病気による経済的損失には、「治療費用負担増（入通院費用および諸雑費・入院時特別療養費・在宅看護・介護費用等）」と「就業不能による収入の喪失・減少」がある。

治療費用負担増については、公的医療保険で一定程度カバーされるものの、自己負担額のほか、保険対象外の医療に係る費用や差額ベッド代などの特別療養費も考えられる。また、収入の担い手が重度後遺障害となったケースでは、長期の就業不能による収入喪失と介護問題の両方が生じるため、家族の経済的負担は、死亡のケースよりも深刻になることもありうる。

③ 長生きのリスク

わが国における平均寿命は、男性が81.05年、女性が87.09年（「令和4年簡易生命表」による0歳の平均余命）と、世界有数の長寿国となっている。長寿が喜ばしいのはいうまでもないことであるが、一方で、長寿に伴い、本人や家族の経済的負担も増大しかねない側面があることを認識しておく必要がある。長寿に伴う経済的負担には、次のような事項が考えられる。

- 老後資金の増大
- 医療費用の増大
- 介護費用の増大
- 住宅のメンテナンス費用の増大

公的年金、公的医療保険、公的介護保険等の諸制度は、終身にわたって給付が受けられることになっているが、十分な水準とはいえない場合もある。そのため、長生きのリスク対策としては自助努力が必要になる。

(2) 自身の財産に関するリスク

自身の住宅や家財、自動車等が物的損害を受けるリスク（物損事故）には、以下のような原因が考えられる。

- 火災、爆発
- 風水雪害、地震、津波等の自然災害
- 他物との衝突、給排水事故
- 盗難、詐欺
- 取扱いミス

これらのリスク対策としては、各種の防災・防犯対策（建物の耐火・耐震構造化や防犯システムの導入など）や、火災保険、地震保険、自動車保険（車両保険）などの保険の活用が中心になる。

(3) 第三者に対する賠償責任に関するリスク

個人生活における第三者に対する賠償事故には、以下のような事項が考えられる。

- 自動車事故
- 子どもやペットによる賠償事故
- スポーツ中の事故
- 住宅に関する賠償事故（賃借人の失火による家主への賠償など）
- 自転車の事故

これらの賠償事故の多くは、保険での対応が可能である。

(4) 収入・費用に関するリスク

上記のリスク以外で、個人の収入が途絶・減少し、または費用・損失が発生・拡大するリスクとして、次のような事項が考えられる。

第1章

- 失業、勤務先の業績不振による減給
- 本人や家族の事業不振による廃業や赤字拡大・インフレ・金融資産運用や不動産有効活用の不振による損失の拡大

これらのリスクについては、一般的に民間保険の活用が難しい分野であり、インフレヘッジやリスク許容度を考慮した資産運用など、FPの他分野の知識・スキルが有効になる。

④ 企業を取り巻く主なリスクとその管理

企業が安定的に事業を継続・発展させていくためには、企業に損失を発生させるさまざまなリスクに対して適切に対処する必要がある。企業は「人」「物」「金」「情報」といった経営資源により構成されており、その個々の資源それぞれにリスクが想定される。また、第三者に対する賠償責任のリスクにも備える必要がある。

(1) 人に関するリスク

① 経営者・役員のリスク

人に関するリスクとしては、まず経営者の死亡リスクが挙げられる。中小企業の場合、経営者個人の信用力や経営手腕によって企業が維持されていることが多く、経営者の死亡が企業の存亡に影響することもある。

特に後継者が育っていない場合、銀行や仕入先、販売先などとの信頼関係が成り立っていないために、事業運営に影響を及ぼすおそれがある。また、売上に対する経営者自身の貢献度が大きい場合は、大幅な売上の減少も想定される。このような経営者が死亡した場合のリスクに備えて事業を守るための資金、いわゆる「事業保障資金」の確保が必要になる。

さらに、将来予想される資金、すなわち経営者・役員の「生存退職金」「死亡退職金・弔慰金」などの支出にも備える必要がある。

② 従業員のリスク

従業員のリスクに対しては、労働災害に対する補償の充実が必要になる。労働者が業務災害により負傷した場合、事業主は過失の有無にかかわらず、被災労働者の療養費用、休業補償、障害補償や、死亡した場合の遺族への補償の責任を負うことになるからである。

従業員が業務上で災害を被った場合、労働者災害補償保険法に基づく労災保険の給付が受けられる。しかしながら、労災保険は社会保険としての性格上、補償額も法令により定

額化されており、必ずしも十分なものとはいえない。また、使用者側に事故に関する過失があった場合は民法上の賠償責任を負うことになり、労災保険の補償だけでは対応できない場合もある。

(2) 物に関するリスク

① 火災・爆発リスク

工場・作業所では、毎年多くの火災や爆発が、電気設備・配線の不備やタバコの不始末などにより発生している。火災・爆発事故は、物的損害だけでなく、生産や販売活動の休止により営業利益の減少も伴う。また、死傷者が出た場合や付近の住民に損害を与えた場合は、補償問題により大きな経済的負担を強いられることになる。

② 風水害・地震・津波等の自然災害リスク

毎年、台風や集中豪雨により大きな損害が発生している。また、大地震や津波による被害の深刻さはいうまでもない。国や地方公共団体による対策のほかに、企業自ら事前に自然災害対策を行う必要がある。

中小企業庁は、上記リスクに対する中小企業の事前の備えを支援するため、「中小企業BCP策定運用指針」を公開している。BCP（Business Continuity Plan：事業継続計画）とは、自然災害や大火災等の緊急事態に備える企業の危機管理の新手法であり、広く普及している欧米のノウハウが当指針に反映されている。中小企業には、本指針を活用し、BCPを策定し運用することが望まれる。

③ その他のリスク

上記以外にも盗難等の犯罪行為、輸送中の事故、機械の誤操作・誤作動による事故などが考えられるが、業種や事業形態等によってリスクはさまざまであり、チェックリストなどによって企業ごとにリスクを洗い出す必要がある。

(3) 賠償責任に関するリスク

工場での爆発事故による付近の住民や住宅への損害、または製品の欠陥による事故などで巨額の賠償責任を負うケースがある。賠償責任リスクは社会の賠償意識の高揚に伴い増大していく傾向にあり、リスクの変化に対応した評価と処理を企業の実態に即して行っていかなければならない。

① 製造物責任（PL）リスク

PL（Product Liability：製造物責任）とは、通常備えるべき安全性を欠く製品（欠陥製品）によって、その製品の使用者または第三者の生命、身体、あるいは財産に生じた損害

について、製造者、販売者など、その製品の製造・販売に関与した者（企業）が負うべき損害賠償責任のことをいう。

　1995年に施行された PL 法（製造物責任法）では、被害者が製品の製造者等の過失を立証する必要がなくなり、損害賠償請求が容易となった。そのため、企業は自己の製品、サービス等に対して一層の安全化を図ることが必要になり、万一 PL 事故が発生した場合は、迅速かつ確実な対応が求められるようになった。また、賠償義務の履行が企業経営への悪影響を最小化するうえで不可欠なことから、クレーム処理体制の整備、賠償資力の確保の重要性が増した。

② 施設の所有・使用・管理に基因するリスク

　建物等の欠陥、施設管理上の不備またはその施設内で働く従業員等の業務上の過失が原因となって、他人の生命・身体・財産に損害を与えた場合に、賠償責任が発生するリスクである。

③ 請負業務の遂行に基因するリスク

　建築工事等の請負業者が、業務遂行に伴い、他人の生命・身体・財産に損害を与えた場合に賠償責任が発生するリスクである。

④ 受託物に基因するリスク

　他人から預かったものが損壊した場合に賠償責任が発生するリスクである。

⑤ 交通事故リスク

　業務に使用中の車両で交通事故を起こすと、自社車両の損害、従業員の死傷事故が生じ、企業活動に多大な損害を与えることになる。また、他人の生命・身体・財産に損害を与えた場合は、自動車損害賠償保障法（自賠法）や民法上、車両の保有者として、あるいは従業員の使用者としての賠償責任が問われることになる。

⑥ 会社役員賠償責任リスク

　会社役員賠償責任リスクは、役員がその地位に基づいて行った業務の結果、会社または第三者に損害を発生させた場合に、役員個人が負うリスクである。株主代表訴訟に関する訴訟手数料が一律1万3,000円となって以後、株主代表訴訟の提起が容易になったことにより、企業経営のリスクとして会社役員賠償責任リスクを認識する必要性が高まった。

(4) 利益・費用（間接損害）に関するリスク

① 営業休止リスク

　各種の事故・災害により、企業施設や機械設備などが稼働できなくなり、営業活動を休止せざるを得ない状況になることがありうる。休業によって被る営業利益の喪失や、事故

の有無にかかわらず必要な固定費の支出が間接損害として現れる。

② その他のリスク

　取引先の信用リスク、海外における政治・経済的リスク（カントリーリスク）など、企業活動にはさまざまなリスクが伴うため、企業ごとにリスクを洗い出したうえで対策を講じる必要がある。

❺ リスクマネジメントにおける生命保険、損害保険の活用

　リスクマネジメントの対象範囲は広く、すべてのリスクを保険でカバーすることはできない。したがって、普段からさまざまなリスクマネジメント手法を使っておくことは大切である。

　とはいえ、保険がリスクマネジメントのための有力な手段であることは間違いない。リスクに対応する保険を分類すると〔図表1-2〕のようになる。

　一般的に、人の生死に関するリスクを保障するものが生命保険であり、物に関するリスクや賠償に関するリスクを補償するものが損害保険といわれている。また、傷害に関するリスクについては、傷害疾病保険として生命保険・損害保険が相互に乗り入れている。

(1) 生命保険によるリスクヘッジ

　生命保険でヘッジするリスクとしては、「死亡」「長生き」「傷害・疾病」の3つが挙げられる。

　死亡リスクへの備えは、個人の場合、遺族の生活資金や相続に伴う納税資金、遺産分割資金の準備を目的に必要となる。このような資金を準備するために定期保険や終身保険などが活用される。

　長生きに関するリスクへの備えは、老後生活のための必要資金を準備しておくことである。人生100年時代ともいわれ、退職後の第2の人生をいかに豊かに過ごすかが大きな課題となっている。老後資金準備のための主な手段としては、個人年金保険がある。

　傷害や疾病に関するリスクは、必ずしも人の生死を左右するものではないが、傷害や疾病などの治療にかかる費用はここ数年増加する傾向にあり、公的医療保険の給付だけでは必ずしも十分ではなく、日常生活を圧迫することが懸念される。このようなリスクに対応するため、医療保険や特定（三大）疾病保障保険、入院特約・先進医療特約などの各種特約がある。加えて、傷病や疾病による就業・就労不能リスクに備える手段として、就業不

〔図表1-2〕リスクマネジメントと保険

リスク		個人	法人
人的リスク	死亡保障	定期保険 終身保険（定額・変額） 養老保険（定額・変額）	役員保険（定期保険・終身保険） 総合福祉団体定期保険 福利厚生保険（養老保険） 労働災害総合保険（法定外補償）
	医療保障等	医療保険　傷害保険　がん保険 介護保険　特定疾病保障保険 所得補償保険 就業不能保険	団体医療保険 団体所得補償保険
	老後の生活保障	個人年金保険（定額・変額） 国民年金基金 小規模企業共済 確定拠出年金	確定給付企業年金 確定拠出年金　厚生年金基金 中小企業退職金共済（中退共） 特定退職金共済（特退共） 福利厚生保険（養老保険）
	障害保障	生命保険の高度障害保険 所得補償保険 就業不能保険	確定給付企業年金 確定拠出年金　厚生年金基金 労働災害総合保険（法定外補償）
物的リスク		火災保険 地震保険 任意の自動車保険（車両保険）	各種火災保険 任意の自動車保険（車両保険） 機械保険　盗難保険 船舶保険　航空機保険 工事保険　貨物運送保険
損害賠償責任リスク		自動車賠償責任保険（自賠責保険） 任意の自動車保険（対人・対物） 個人賠償責任保険 ゴルファー保険	自動車賠償責任保険（自賠責保険） 任意の自動車保険（対人・対物） 施設所有（管理）者賠償責任保険 請負業者賠償責任保険 生産物賠償責任保険 店舗賠償責任保険 昇降機賠償責任保険 旅館賠償責任保険 環境汚染賠償責任保険 会社役員賠償責任保険 労働災害総合保険（使用者賠償責任）
利益・費用リスク		所得補償保険 就業不能保険	店舗休業保険・利益保険 信用保証保険

能保険（損害保険商品としては所得補償保険）がある。

　また、高齢期の要介護の問題は長生きのリスクとも重なり、深刻になり得る。その理由として、高齢期の病気やケガは治療して治る性格のものではなく、体の不調または認知症等で介護をする家族の精神的な負担、別居の場合は移動などの物理的な時間の負担、公的介護保険の給付も十分ではなく、経済的な負担も大きいこと等、こうしたリスクに備えて民間の介護保険がある。

　企業の場合は、経営者の死亡に対する事業保障、役員・従業員の退職金準備、災害補償・福利厚生などの手段として、定期保険、終身保険、養老保険、総合福祉団体定期保険などが活用される。

　なお、生命保険は、健康状態や年齢によっては加入が制限されることがあり、特に高齢になってからの加入や保障内容については、一般的に限界がある。

(2) 損害保険によるリスクヘッジ

　損害保険でヘッジするリスクは、「物のリスク」「賠償責任リスク」「人のリスク」「利益・費用リスク」とさまざまである。

　物の保険は、建物・家財・機械設備等の火災・爆発事故や水害・台風・地震・津波などの自然災害のリスクを補償するため、火災保険、地震保険などが活用される。また、臨時にかかる費用や残存物の片付け費用などを併せて補償するケースも多い。

　車の保険は、法律によりすべての車に加入が義務付けられている自賠責保険（対人賠償リスクが対象）と任意加入の自動車保険に分けられる。自動車保険は対人・対物・人身傷害補償・搭乗者傷害・車両を任意で組み合わせることができる保険が主流になっており、賠償責任リスクを中心に車に関わるリスクを包括的にカバーすることができる。

　賠償責任リスクについては、各種の賠償責任に対応してさまざまな賠償責任保険が販売されている。

　リスクマネジメントにおける損害保険の活用は、リスクファイナンシングの代表的な手段であり、一般的に、発生頻度は高くないが、いざ発生すると大きな損害額となるリスクに適している。さまざまなリスクに対して数多くの損害保険が存在するが、損害保険会社にとっても引き受けることが難しいリスクもあり、特に企業にとっては、必ずしも保険による十分なカバーが得られないこともありうる。

第 **2** 節

保険制度

❶ 社会保険と民間保険

(1) 保険とは

　私たちは日常生活のなかで「病気・ケガ」「物の滅失」などさまざまな危険にさらされており、その危険に遭遇したときは経済的損失、生活基盤の損失という結果を招くことがある。保険とは経済的損失を補うことにより、生活基盤あるいは企業の経営基盤を少しでも回復しようとする制度である。

　歴史的には、まず貿易・海運上でのリスクをカバーするための海上保険が誕生し、その後、火災保険、生命保険の順に発展を遂げてきた。現在では、「人の生死」には生命保険、「物の滅失や賠償責任」には損害保険、「病気・ケガ」には傷害疾病保険を利用することにより損失の危険に備えている。

　この保険制度は、多数の人々が掛金を出し合って、その拠出金から一定の偶発的事故（保険事故）を被った人に損害相当額もしくは契約金額を支払うことで成り立っている。

(2) 社会保険と民間保険

　保険制度は、保険の引受主体または経営主体により分類すると、社会（公的）保険と民間（私的）保険とに分類される。

① 社会保険

　社会保険とは、国民年金や厚生年金保険、健康保険や国民健康保険など国や地方自治体が運営する保険である。①原則として強制加入であり、②給付内容や給付金額、保険料は法律で定められ、③保険料は被保険者の支払能力に応じて算定され、被保険者が負担するという特徴がある。

② 民間保険

　民間保険とは、生命保険会社や損害保険会社などが運営する保険である。①任意加入であり、②保障内容や保険金額、保険料は契約によって任意に決定され、③保険料はリスクに応じて算定され、その保険料に保険経営の維持費も含めて原則として保険契約者が負担する、という特徴がある。

(3) 民間保険の必要性

　少子高齢化や社会保険制度の財政の悪化、企業保障の縮小などにより、いわゆる自助努力のウエイトが高まってきている。たとえば、通常、公的年金の遺族給付だけでは、遺族の日常生活費や子どもの教育費を賄うことが難しい。公的医療保険では近年、高齢者の自己負担割合が拡大しているほか、先進医療の技術料や差額ベッド代などは公的医療保険で賄うことはできない。公的介護保険は介護サービスそのものが給付される現物給付であり、給付対象となるサービスの額や対象となるサービス内容が限られている。そして、老後の生活資金としての公的年金の老齢給付は削減される方向にあり、自ら老後の生活資金を手当てする必要性が高まっている。

　こうした背景から、私的保険である生命保険や年金保険、医療保険、介護保険などの自助努力の重要性が高まってきている。

　なお、被害者・被災者の救済や生活の安定を目的として、特別な法律で定められた保険に、自動車損害賠償責任保険（自賠責保険）や家計地震保険（地震保険）がある。前者は強制保険であり、後者は任意保険である。

❷ 保険会社の引受および募集形態

(1) 保険会社の引受

　民間保険の契約は、保険申込者からの申込みに対し保険会社が承諾することによって成立する「諾成契約」である。保険会社から見たこの契約成立を保険の引受という。引受については生命保険と損害保険では方法が異なる。

　また、保険契約の締結の代理または媒介を行うことを保険の募集という。保険の募集形態も生命保険と損害保険では異なり、それぞれの募集人に与えられている権限も異なる。

(2) 保険募集

　保険募集ができるのは、保険募集人（①生命保険募集人、②損害保険募集人、③少額短期保険募集人）に限られている。保険募集をするためには、一定の試験に合格し、内閣総理大臣の登録を受けなければならない。

　ただし、金融庁の監督指針によると、以下の行為のみを行う場合は、基本的に保険募集に該当しないとされている。ただし、いずれにおいても保険契約の募集行為を行う場合は、金融庁または財務局を経由して登録申請を行い、内閣総理大臣の登録を受ける必要がある。

- ａ．保険会社または保険募集人の指示を受けて行う、商品案内チラシの単なる配布
- ｂ．コールセンターのオペレーターが行う、事務的な連絡の受付や事務手続等についての説明
- ｃ．金融商品説明会における、一般的な保険商品の仕組み、活用法等についての説明
- ｄ．保険会社または保険募集人の広告を掲載する行為

　なお、生命保険募集人と損害保険募集人は、「代理」「媒介」とも行うことができる（権限を付与するか否かは保険会社の判断による）。これに対し、ブローカーは「媒介」のみで、「代理」はできない。

　「代理」の募集人は、保険会社の代理として契約の締結を決定することができるが、「媒介」の募集人は、保険契約の締結を媒介するのみで契約締結の決定をすることができない。このように「代理」と「媒介」では大きな相違がある。ただし、一般的には生命保険募集人には契約の締結権や保険料領収権は与えられていない。この点が損害保険募集人と異なる。そのため、生命保険募集人を「保険媒介者」と表現することもある。

　また、保険業法第276条においては、生命保険募集人や損害保険募集人のほか、後述する少額短期保険業の募集人（特定少額短期保険募集人を除く）を特定保険募集人と総称し、特定保険募集人に等しく募集に関する規定を定めている。

① 生命保険募集人

　保険募集人には、保険会社に帰属し、訪問販売や職域販売を中心に保険募集を行う一社専属制での運用と、保険会社とは独立した存在の個人および法人で、保険会社から委託を受けて保険募集を行う保険代理店での運用がある。保険窓口販売（窓販）を行う金融機関（銀行等）や、いわゆる保険ショップも保険代理店に位置づけられる。なお、保険会社等は、保険業法282条の規定のとおり、他の保険会社の保険募集人に対し、保険募集の委託または再委託をすることができないとされている。

ただし、以下のa．～c．のすべての者がいるときは、保険募集に係る業務が的確かつ公正に遂行され、保険契約者等の保護が確保される蓋然性が高いと考えられ、一社専属制の禁止規定は適用されず、複数の生命保険会社の商品を取り扱うことができる**乗合代理店**が認められている。

 a．特定保険募集人の登録を受けた生命保険募集人であって、保険募集および金融業務に関する専門的知識を有し、かつ、他の保険募集を行う者に対し、所属保険会社が引き受ける保険契約の内容および保険募集に係る業務の内容について十分な教育を行うことができる者

 b．a．以外の特定保険募集人の登録を受けた生命保険募集人

 c．2以上の所属保険会社のために行う保険募集に係る業務の的確かつ公正な遂行を確保し、保険契約者の保護に欠けるおそれがないよう当該業務の適正な管理を行うことができる者

近年ではさらに保険募集の多様化が進み、加入申込者が自ら足を運ぶ来店型店舗の展開や、インターネットまたはダイレクトメール等による非対面販売（通信販売）、保険会社同士の業務提携による相互販売なども増加している。

② 損害保険募集人

生命保険募集人と異なり、損害保険募集人は従来、主として代理店の形態をとっている。各社独自の代理店手数料体系となっており、代理店の育成、資質の向上を図るために、各社独自にコンプライアンス、保険商品の知識、顧客情報の管理、内務事務管理などの教育、指導、管理を行っている。また、近年では来店型店舗や非対面販売など多様化が進んでいる。

③ 保険仲立人（ブローカー）

保険仲立人とは、保険会社からの委託を受けることなく、中立的な立場で、保険契約者と保険会社の保険契約締結の媒介を行う者である。

ブローカーは、一般社団法人日本損害保険協会または一般社団法人生命保険協会が実施する試験に合格して金融庁に登録し、保険契約者への担保として保証金（過去3年間の受領手数料・報酬等の合計額に相当する額で、最低2,000万円、最高8億円）を供託しなければその業務ができない。

なお、損害保険代理店および保険仲立人は、自己または自己が雇用している者を保険契約者または被保険者とする保険契約の募集を主たる目的とする自己契約を禁止しており、これに違反した場合は罰則の適用対象となっている。直近2事業年度の1事業年度当たり平均自己契約の額が全体の50％を超える場合には、主たる目的とみなされる。

❸ 保険募集のコンプライアンス

（1）保険業法

　保険契約者等の保護や保険募集の公正を図るため、保険業法では、保険募集や締結に際して、保険会社や保険募集人などが一定の行為を行うことを禁止している。また、保険募集人などは顧客に、業務に関する重要事項の説明をしなければならず、保険会社はそのために具体的な措置をとる義務を負っている。

　その他、主な規定には以下のようなものがある。

① 情報提供義務

　保険募集人等が、保険募集を行う際に、保険契約者・被保険者が保険契約の締結または加入の適否を判断するのに必要な情報の提供を行うことを求めるもので、これまで監督指針において求められていた提供義務である「契約概要」「注意喚起情報」のほか、「その他顧客に参考となるべき情報」の提供が法令上の義務として規定されている。保険業法300条1項1号において、虚偽説明や重要事項の不告知等の禁止行為に限定されていた募集規制とともに、積極的な顧客対応を求める募集規制として対応が求められている。また、罰則規定が適用される重要事項の範囲は、「保険契約者又は被保険者の判断に影響を及ぼすこととなる重要な事項」となっている。

② 意向把握義務

　契約を締結する際には、顧客の意向の把握から提案商品の説明、その商品と顧客の意向が合致しているかを確認することまでの一連のプロセス（意向把握・確認）が法令上の「意向把握義務」として求められている。

③ 比較説明あるいは推奨販売に係る体制整備

　複数の保険会社の保険商品を販売する代理店（乗合代理店）等は、比較説明・推奨販売を行う場合には、顧客に対し、それぞれ所定の説明を行わなければならない。具体的には、契約内容を実質的に比較する場合に、すべての提案商品の比較事項を偏りなく説明したり、特定の保険会社の商品を推奨販売する場合に、推奨する基準や理由等をわかりやすく説明したりする必要がある。また、当該説明を適切に行うことを確保するための措置を講じなければならない。加えて、代理店が保険会社の委託を受けたものでないと顧客が誤認することを防止するための措置を講じなければならない。

④ その他

上記以外に、保険募集人に対するさまざまな体制整備義務が課されている。

なお、保険募集における禁止行為のうち、以下の場合等は**1年**以下の懲役もしくは**100万円以下の罰金**に処せられ、または**これらが併科される**。

　a．**保険募集人以外の者**（保険募集人として登録されていない者）が、保険募集を行った場合（保険業法317条の2第4号）

　b．保険募集人が、保険契約者等に対して虚偽のことを告げたり、保険契約の契約条項のうち保険契約者または被保険者の判断に影響を及ぼすこととなる**重要事項を告げなかった場合等**（同法317条の2第7号）

保険募集禁止行為については、保険募集人などは、業として保険募集をしているのであり、禁止行為を知らなかったということでは許されず、保険業法に定める保険募集禁止行為（同法300条1項1〜9号）を遵守しなければならない。また、保険会社が作成した「コンプライアンス・マニュアル」に則して保険募集をしなければならない。

また、金融機関等が保険募集人となる金融窓販等において、当該金融機関の事業性資金の**融資先に対する保険募集行為は、原則として禁止されている**（融資先募集規制）が、以下の商品等は除外されている。

- 住宅ローン関連保険
- 個人年金保険
- 一時払終身保険
- 一時払養老保険
- 積立傷害保険
- 事業関連保険（銀行等のグループ会社を保険契約者とするものに限る）

なお、乗合代理店については、保険商品の比較推奨販売を行う場合、比較可能な同種の商品の概要・内容の説明や推奨理由の説明が必要である。比較可能な商品のなかから特定の商品を提示する場合、推奨理由の説明を行うことが必要（一部の適用除外を除く）である。乗合代理店は、保険契約者に誤認を与えないようにするための措置や不適正な表示の防止についても求められる。

乗合代理店の場合、事業年度末における所属保険会社等の乗合数が15以上、または乗合数2社以上で1事業年度中の手数料収入等が10億円以上である規模の大きな募集人（**特定保険募集人**）については、帳簿書類の作成・保存（5年間）および、毎事業年度経過後**3カ月以内に事業報告書を提出すること**が義務付けられている。

(2) 金融庁の「保険会社向けの総合的な監督指針」

　超高齢社会の進展を背景に、「保険会社向けの総合的な監督指針」において、高齢者に対する適正な保険募集について、顧客保護の観点からの留意点として、以下のような内容が盛り込まれている。

　a．社内規則等に高齢者の定義を規定しているか

　b．高齢者や商品の特性等を勘案したうえで、きめ細やかな取組みやトラブルの未然防止・早期発見に資する取組みを含めた保険募集方法を具体的に定めているか

　c．上記の取組みとして、たとえば、保険募集時に親族等の同席を求める、保険募集時に複数の保険募集人による保険募集を行う、保険契約の申込みの検討に必要な時間的余裕を確保するために複数回の保険募集機会を設ける、保険募集を行った者以外の者が保険契約申込みの受付後に高齢者へ電話等を行うとともに、高齢者の意向に沿った商品内容等であることを確認することを行っているか

　これを受け、一般社団法人生命保険協会および一般社団法人日本損害保険協会から高齢者向け保険募集に関する「ガイドライン」が策定されている。ガイドラインの骨子としては、「保険加入時」「契約継続時」「手続発生時・手続時」の各場面において、高齢者向けの適切でわかりやすい対応をしていくための基本的考え方、留意点を整理している。なお、ガイドラインは拘束力を持つものではないが、保険会社各社はこれを参考に自らのPDCAの取組みにおいて、保険契約者等の保護と適正な業務運営を確保することが求められている。

　また、「保険会社向けの総合的な監督指針」は、保険募集における「意向把握義務」と「情報提供義務」を強化する内容となっている。2021年末の改正ではさらに、保険会社や保険募集人が保険募集時に、公的保険制度についての適切な情報提供を行うことなどが保険監督上の評価項目に加えられた。なお、2022年末の改正では、障がい者向けへの保険募集についての配慮すべき点等が加えられている。

(3) 金融商品取引法の準用

　金融商品取引法では、投資性の強い金融商品を対象とする投資者保護のための規制を設けており、保険業法においては、契約者保護の観点から投資性の強い保険商品（**特定保険契約**）に対し、**金融商品取引法の一部条項を準用**している（保険業法300条の2）。

　具体的には「適合性の原則」「契約締結前・契約締結時交付書面の交付」「広告等の規制」等が義務付けられており、「損失補てん等の禁止」が定められているほか、「申込者等

に迷惑を覚えさせるような時間に電話や訪問により勧誘する行為」等の行為が禁止されている。

なお、特定保険契約とは、金利・通貨・有価証券等の価格の変動により、保険金や解約返戻金の額が支払保険料を下回る可能性のあるもので、**変額保険や変額年金保険**、**外貨建て保険**（市場価格調整機能を有しないものを含む）、市場価格調整の機能を有する保険商品が該当する。

（4）保険法

保険業法が「保険会社に対する業務内容の規制等の監督」について定める法律であるのに対し、保険法は「保険契約の当事者間における契約ルール」について定める法律となっており、生命保険・損害保険・傷害疾病保険だけでなく、**少額短期保険**、**共済契約**にも適用される。

現在の保険法は、商法の規定を改正するかたちで2010年4月1日に施行された。保険法における各用語の定義は〔図表1-3〕に、保険法の主な項目とその内容は〔図表1-4〕にまとめている。

また、以下は法施行日前の既契約についても保険法が適用されることになる。施行日以前の既契約でも**施行日以後の復活・更新・特約中途付加**については**その他の規定**についても適用される（復旧・増額等を除く）。

- 保険給付の履行期
- 保険金受取人の変更（任意規定）
- 介入権制度
- 先取特権
- **重大事由**による解除

（5）その他関連法規

金融サービス提供法（旧「金融商品販売法」）では、金融商品販売業者（保険会社）が、商品の販売等に際して重要事項の説明義務に違反し、それによって顧客が損害を被った場合の損害賠償責任について定められている。また、**消費者契約法**では、契約時の事業者（保険会社）の不適切な行為により、消費者が自由な意思決定を妨げられた場合に、契約の申込みを取り消すことができるとされている。

さらに、**個人情報保護法**においては、個人情報の取得・利用時の義務、個人情報を適切・安全に管理する義務、本人からの開示等の求めに対応する義務が課せられている。保

〔図表1-3〕保険法における各用語の定義

項目		内容
保険者		保険契約の一方の当事者として、保険給付を行う義務を負う者。一般的に保険会社を指す。
保険契約者		保険契約の他方の当事者として、保険者と保険契約を締結し、契約上の権利（保険金受取人の変更、契約内容変更に関する請求権等）を得るとともに義務（保険料支払義務等）を負う者。 ・保険契約者は個人（自然人）・法人がなることができる。 ・保険契約者が未成年の場合は、婚姻している者を除き、親権者または後見人の同意が必要。
被保険者		保険事故発生の対象者となる以下の個人（自然人）。
	生命保険契約	その者の生存・死亡に関し保険者が保険給付を行う者。
	傷害疾病定額保険契約	その者の傷害または疾病に基づき保険者が保険給付を行う者。
	損害保険契約	損害保険契約によりてん補することとされる損害を受ける者。
保険金受取人		保険給付を受ける者として生命保険契約または傷害疾病定額保険契約に定めるもの。損害保険契約は原則として、被保険者が受取人となる。受取人は個人・法人がなることができ、また、複数人を指定できる。

〔図表1-4〕保険法の主な項目とその内容

主な項目	内容
共済契約の適用	商法では適用から外れていた共済契約についても、保険法では適用範囲が拡大されている。
傷害疾病保険規定	医療保険など、いわゆる第三分野保険に該当する保険契約として、傷害疾病定額保険契約の規定が設けられている。保険法による保険契約（共済を含む）の区分と意義は以下のとおり。 表： 保険契約の区分／意義 生命保険契約／生存・死亡に関する一定の保険給付（傷害疾病定額保険を除く） 傷害疾病定額保険契約／傷害疾病に基づく一定の保険給付 損害保険契約・傷害疾病損害保険契約／傷害疾病により生ずる損害のてん補 損害保険契約・その他／一定の偶然の事故により生ずる損害のてん補 保険業法における傷害疾病保険（第三分野）の位置づけは、傷害や疾病による定額給付・損害てん補給付および傷害による死亡給付（傷害保険等）を包括し、疾病による死亡給付（特約による死亡給付金等を除く）は生命保険（第一分野）と位置づけている。これに対し保険法では、傷害や疾病による定額給付（傷害死亡・疾病死亡を含む）を傷害疾病定額保険契約、傷害や疾病による損害てん補給付を損害保険契約（傷害疾病損害保険契約）と位置づけている。

保険契約者等の保護規定	片面的強行規定	「法律の規定よりも保険契約者等に不利な内容の約款の定めは無効」とする旨が、多くの規定に片面的強行規定として明示されている（損害保険では、事業リスクのための保険契約については除外）。保険法の規定には「強行規定」のほか「任意規定」に位置づけられるものもある。強行規定とは公の秩序に関する規定であり、法律と異なる約款等の定めが無効になるものであり、任意規定とは法律と異なる約款等の定めが可能になるもの（消費者契約法等により無効となる場合もある）である。
	告知ルール	従来は「自発的申告義務」であったが、現在は保険者からの質問に応答する「質問応答義務」とされている。また、保険業法における募集禁止行為のうち、保険募集人による告知妨害や不実告知・不告知を勧める行為等があった場合に保険契約の解除ができない旨のルールが片面的強行規定として設けられている。 （※）ただし、このような行為がなかった場合には、告知義務違反による契約の解除は従来どおり認められている。
	保険給付の履行期	適正な保険金支払のために必要な調査のための合理的期間が経過したときから保険者（保険会社）は履行遅延の責任を負担する（遅延利息を支払う等）旨の規定が片面的強行規定として設けられている。ただし、被保険者が正当な理由なく当該調査を妨げたり、応じなかったりした場合、保険会社は履行遅滞の責任を負わない。
	被保険者の同意	原則、保険契約者と被保険者が異なる死亡保険契約や傷害疾病定額保険契約については、被保険者の同意のない契約は無効である。なお、傷害疾病定額保険契約については被保険者と保険金受取人が同一人である場合、または保険金受取人が被保険者の相続人である場合（死亡給付の支払事由が疾病傷害による死亡のみとするものを除く）には、保険契約者と被保険者が異なっていても、無効にはならないとしている。
	保険金受取人の変更	●保険金受取人の変更には、被保険者の同意が必要となる。 ●契約者は保険事故発生までは原則、保険金受取人を変更できる（商法では原則不可とし、例外的に変更可能となっていた）。 ●保険金受取人変更の効力については、変更の意思表示を保険者に通知することで可能となり、その意思表示が保険者に到達した場合は通知時点（書類発送日等）に遡って効力が発生するとしている。 （※）意思表示の到達前に支払われた保険金は有効（重複した支払はない） （※）被保険者が受取人となる高度障害保険金や入院給付金等は変更不可とする会社が多い ●遺言による保険金受取人の変更が可能である。 （※）契約者死亡の場合は、その相続人が保険者に通知する必要がある
	保険料積立金の払戻し	次の場合、保険料積立金の払戻しを行う必要がある。 ●責任開始期前の解約 ●保険金支払の免責事由に該当し保険契約が終了する場合　等
	被保険者による解除請求	被保険者が同意した前提に変更が生じたとき（離婚等）などの場合、被保険者が契約者に対して契約の解除（解約）を請求できる制度が設けられている。

	介入権制度 （保険金受取 人による契約 存続）	質権者・差押債権者・破産管財人など、当事者以外の解除権者（以下「解除権者」という）による解除（解的）請求に対し、保険金受取人が一定要件のもと、契約継続を申し出ることができる。 ●原則、解除権者からの解除請求が通知された場合、通知の日から1カ月を経過した日にその効力が生じる（介入可能な猶予期間）。 ●被保険者または保険契約者もしくは被保険者の親族である保険金受取人は、解除通知の日から効力発生までの間に、介入権行使における契約者の同意、解約返戻金相当額を解除権者に支払う、保険者に通知する、等の要件を満たせば契約の継続ができる。
	損害保険ルールの 柔軟化	従来は契約者等の責任のもと無効扱いであった超過保険について、その有効性（取消規定）が設けられている。そのほか、重複保険における保険金支払方式の変更が片面的強行規定として設けられている。 ●保険金額が目的物の価額を超える部分の契約でも、契約者が超過保険であることを理解しているなどの一定の場合には契約が有効（近々予定している増改築後の金額で契約する等）とされる。 （※）支払保険金は保険価額と保険金額のいずれか低い金額を上限とする （※）事業リスクのための保険契約については片面的強行規定の適用を除外 ●保険契約者等が意図せず超過保険で契約した場合（善意的でかつ重過失がない場合）、契約者はその超過部分を保険始期に遡及して取り消し、保険料の返還を受けることができる。 ●重複保険の場合、契約者等から請求のあった保険会社はいったん保険金の全額を支払い、本来の負担分を超える金額は別途、他の保険会社に求償する（独立責任額全額方式）。
	先取特権	賠償責任保険の被害者に対する救済措置を目的として、被害者は他の債権者に優先して保険金からの損害賠償金の弁済を受けることができることとされている（先取特権の付与）。
	重大事由による解 除（モラルリスク の防止）	契約者等が故意に保険事故を発生させようとする等の重大事由による場合、保険会社が契約を解除できる。なお、解除前に発生した保険事故でも重大事由発生以後であれば保険金支払が免除となる。
	保険料の返還の 制限	保険契約の無効や取消しの場合でも、保険会社が保険料の返還をしなくてもよい場合について片面的強行規定として下記に限定して明記されている。 ●保険契約者・被保険者・保険金受取人による詐欺や強迫を理由として保険契約が取消しとなった場合 ●保険契約者・被保険者・保険金受取人が、契約申込み等の際に既に支払事由が発生していることを知っていたために無効となった場合（保険会社がその事実を知りつつ申込み等を承諾した場合を除く）
	消滅時効	保険給付の請求、保険料の返還を請求する権利等は、3年間行使しない場合、時効によって消滅する。
	損害発生後の保険 の目的物の滅失	損害保険契約における保険者は、保険事故による損害が生じた場合、当該損害に係る保険の目的物が当該損害の発生後に保険事故によらずに滅失したときであっても、当該損害をてん補しなければならない。

険契約においては契約者等の機微情報（センシティブ情報）を取り扱う場面も想定されるため、適切なルールをもって業務を行うことが求められる。そのほか、犯罪収益移転防止法では、マネー・ローンダリング、テロ資金供与防止のための取引時の確認方法等が定められている。

なお、保険業法に定められた保険募集禁止行為は、金融庁が保険会社や保険募集人などに処分や罰則を科す行政法規であり、他方、クーリング・オフ制度や金融サービス提供法、消費者契約法は保険会社と契約者との取引に関する申込みの撤回、損害賠償義務、契約の取消しなどを定めた民事法規である。

(6) クーリング・オフ

保険契約では、顧客が受動的立場におかれることで、顧客の契約意思が不確定のまま、あるいは熟慮期間がないまま、契約の申込みや締結が行われてしまう可能性がある。

このような場合、顧客に契約内容をもう一度検討する時間的余裕（熟慮期間）を提供し、十分に納得したうえで契約が締結されることを確保するため、保険業法においてクーリング・オフ（申込みの撤回または契約解除の請求）に関する規定が設けられている。

具体的には、契約者は、保険契約の申込日または契約申込みの撤回などについての事項を記載した書面を交付された日のいずれか遅い日から、原則、その日を含めて8日以内（保険会社によっては9日以上に指定している場合もある）であれば、書面により契約の申込みを撤回することができる（なお、その書面を郵送により発送する場合、期限日の消印は有効である）。ただし、次の場合は申込みの撤回等はできない。

① 医師の診査が終了した申込み
② 法人契約・事業保険契約の申込み
③ 国または地方公共団体などの申込み
④ 保険期間が1年以内の保険の申込み
⑤ 自賠責保険など強制保険の申込み
⑥ 契約者が保護に欠けるおそれのない申込み（日時を事前指定し申込意思を明らかにして保険会社や代理店等の営業所等を訪問した場合、申込者が保険会社等の営業所や自宅以外の自ら指定した場所で申込みをした場合、保険料を口座振込にして支払う場合（保険代理店先に依頼した場合を除く）、郵便での申込みなど）

なお、自宅での申込みは本人が指定したか否かにかかわらずクーリング・オフの対象となる。また、新規契約と同様、既契約を契約転換した場合もクーリング・オフの対象であるが、既契約の保険金額の増額や特約の中途付加、または更新は対象とならない。

(7) 特定早期解約制度

　変額保険契約や外貨建て保険契約のうち、「申込者が保護に欠けるおそれのない申込み」等の要件に該当するためにクーリング・オフの適用を受けられない場合、クーリング・オフの代わりに特定早期解約を行うことができる制度がある。

　特定早期解約は、保険契約の成立の日またはこれに近接する日から起算して10日以上の一定の日数（保険会社が任意に設定）を経過するまでの間に限り、解約に伴う手数料等が控除されることなく、契約者価額（当該期間までの払込保険料の増減額で、通常は時価相当額）に契約時に控除された手数料等が加算されて返還されることになる。

❹ 契約者保護に関する制度および規制

(1) ソルベンシー・マージン比率

　ソルベンシー・マージン比率は、保険会社が、通常の予測を超えて発生するリスクに対し、どの程度の保険金等の支払余力を有しているかを示す指標である。ソルベンシー・マージン比率は、内部留保や有価証券含み損益などの合計である「ソルベンシー・マージン総額」と、保険リスクや予定利率リスクなどを数値化した「リスクの合計額」を用いて、以下の計算式により算出される。

ソルベンシー・マージン比率（%）
$\dfrac{\text{ソルベンシー・マージン総額}}{\text{リスクの合計額} \times \dfrac{1}{2}} \times 100$

　監督官庁である金融庁は、保険会社に対して経営の健全性を確保するために、ソルベンシー・マージン比率が200%を下回ると経営改善計画の提出・実施命令、100%を下回ると経営改善命令、0%を下回ると業務の全部または一部の停止命令、を早期是正措置としてとることができる。

　なお、過去の保険会社の破綻に際し、直近決算時に公表されたソルベンシー・マージン比率が、必ずしも有効に機能していなかった反省を踏まえ、算出基準の厳格化の見直しが図られている。主な変更内容は下記のとおりとなる。

- 支払余力（マージン）算入の厳格化（将来利益は全額不算入等の算入制限）

- リスクの計測の厳格化（リスク計測における信頼水準を90％から95％に引上げ）
- グループ各社による連結ソルベンシー・マージン比率の公表など

（2）基礎利益

基礎利益は、保険料収入や保険金・事業費支払等の保険関係の収支と、利息・配当金等収入を中心とした運用関係の収支からなる、生命保険会社の基礎的な期間損益の状況を表す指標である。

基礎利益は、経常利益から有価証券売却損益などの「キャピタル損益」と危険準備金繰入額などの「臨時損益」を除いて算出される。

（3）実質純資産額

有価証券や有形固定資産の含み損益などを反映した時価ベースの資産の合計から、価格変動準備金や危険準備金など資本性の高い負債を除いた負債の合計を差し引いて算出される。この値がマイナスになった場合には、金融庁による業務停止命令の対象となる。

（4）エンベディッド・バリュー（EV）

エンベディッド・バリュー（EV）は、生命保険会社の企業価値・業績を評価する指標の1つで、「修正純資産」と「保有契約価値」を合計したものである。その算出時に保有している純資産および保有契約から将来得られるであろう配当可能利益の現在価値を指し、企業価値や収益性の尺度として、各生命保険会社でソルベンシー・マージン比率と併せて導入されている。

（5）保有契約高

生命保険会社が事業年度末にどのくらいの生命保険契約を保有しているのかを示す指標が保有契約高である。個人保険・団体保険の場合は、死亡時の支払金額等の総合計額となる。個人年金保険の場合は、年金支払開始前契約の年金支払開始時における年金原資の額と、年金支払開始後契約の責任準備金の額の合計額となる。

（6）保険契約者保護機構

保険会社の破綻は、ソルベンシー・マージン比率が0％未満になったときの金融庁の業務停止命令による場合と、会社自身の更生特例法に基づく裁判所への申立てによる場合の2つがある。

　保険会社が経営破綻した場合に破綻保険会社の契約者の保護を図り、保険業の信頼を維持することを目的に、会員である保険会社の出資により、保険業法に基づいて保険契約者保護機構（以下「機構」という）が設立されている。国内で営業を行うすべての保険会社は、その免許の種類（生保または損保）によって、生命保険契約者保護機構または損害保険契約者保護機構のどちらかに加入しなければならない。なお、各種共済や少額短期保険業者、特定保険事業者等は、各機構の会員ではないため、保護の対象とならない（こくみん共済 coop（全労済）、JA 共済、都道府県民共済等の制度共済は、独自の補償制度がある）。

　機構は、資金援助などの実施に要する費用に充てるために、保険契約者保護基金（以下「基金」という）を設け、保険会社はその基金への拠出を負担しなければならない。

　保険会社の破綻に際して、業務停止命令による場合は機構と救済保険会社との間で保険契約を救済会社に移転する内容の更生移転計画が、他方、更生特例法に基づく場合は契約者の合意を得て更生計画が定められる。どちらの方法でも、救済保険会社が現れることが再建の柱となるが、救済保険会社が現れない場合は、機構が設立した承継保険会社がいったん保険契約を引き継ぐか、機構自らが破綻保険会社の保険契約の管理・処分をする〔図表1－5〕。更生移転計画や更生計画には、責任準備金のカットをはじめ、契約条件の1つである保険料算定基礎率（予定死亡率または予定損害率、予定利率、予定事業費率）の変更、保険契約移転、更生計画決定後の早期解約控除制度が盛り込まれている。

　更生計画の認可決定までの間や認可決定後に保険料算定基礎率の変更等が行われなければ、補償割合相当分の保険金等（補償対象保険金額）は最低補償されるが、予定利率の引下げ等が実施されると、将来の保険金・年金額等が契約時の金額よりさらに減少することもある〔図表1－6〕。この減少幅は破綻保険会社の財務状況や保険種類等により異なるが、一般的に貯蓄性の高い保険、予定利率が高い時期に契約した保険、満期等までの期間が長い保険であるほど減少幅が大きくなる傾向がある。なお、更生計画による変更後の保険金額が既に支払われた補償対象保険金額を上回る場合は、その差額が追加で支払われる。

　また、破綻時から更生計画認可決定までの間は解約や契約内容の変更等を行うことはできず（保険料は支払う必要がある）、認可決定後も早期に解約・減額・払済保険への変更等を行う場合は早期解約控除が適用され、一定期間、解約返戻金等が削減されることがある。

〔図表1−5〕保険業法手続による保険会社の破綻処理の基本的な流れ

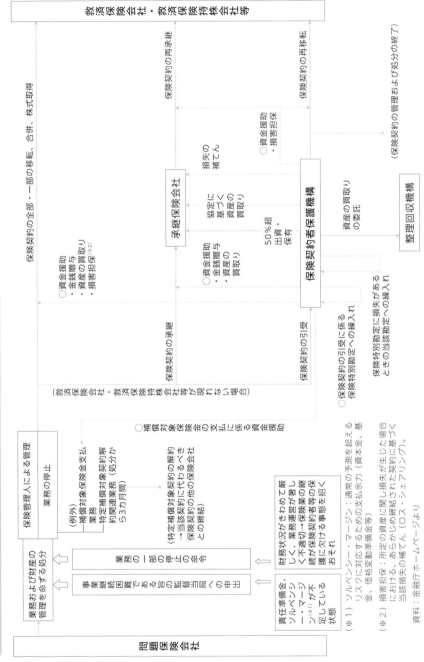

（※1）ソルベンシー・マージン：通常の予測を超えるリスクに対応するための支払余力（資本金、基金、価格変動準備金等）

（※2）損害担保：所定の資産に関し損失が生じた場合における適切・保険契約者等の保護に欠ける事態を招く

資料：金融庁ホームページより

〔図表1-6〕イメージ図（更生手続・養老保険の場合）

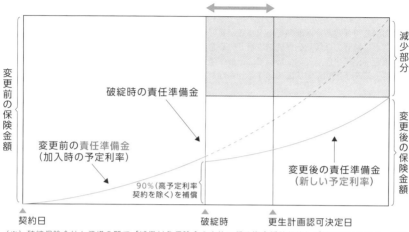

更生計画認可決定日までに発生した保険事故には、補償対象保険金^(※)が支払われる。

（※）破綻保険会社と機構の間で「補償対象保険金の支払に係る資金援助契約」が締結された場合、従前の保険金額の90％（高予定利率契約を除く）の額で保険金等の支払が行われる。更生計画に定められた変更後の保険金額が、既に支払われた補償対象保険金額を上回る場合には、更生計画認可後に、その差額が追加して支払われる。

資料：生命保険契約者保護機構ホームページより

（7）保険契約者保護制度

　金融庁の業務停止命令、更生特例法の申立てのいずれによる破綻の場合も、機構が救済保険会社に資金援助を行うことで、契約の保護が図られる。これが保険契約者保護制度である。

　生命保険契約者保護機構では、再保険を除く国内の元受保険契約（財形保険も同様）で、運用実績連動型保険契約の特定特別勘定部分以外について、破綻時点の責任準備金等の90％（ただし、高予定利率契約は除く）が補償される〔図表1-7〕。

　高予定利率契約とは、破綻時に過去5年間で常に予定利率が基準利率^(注1)を超えていた契約^(注2)をいう。当該契約については、責任準備金等の補償限度が以下のとおりとなる。ただし、破綻会社に対して資金援助がなかった場合の弁済率が下限となる。

高予定利率契約の補償率

> 90％-｛（過去5年間における各年の予定利率-基準利率）の総和÷2｝

注1 基準利率は、現在 3 ％である。これは全生命保険会社の過去 5 年間の年平均運用利回りを基準に、金融庁長官および財務大臣が定める。この基準利率は、全生命保険会社の年平均運用利回りの状況により、見直される。

注2 1 つの保険契約において、主契約・特約の予定利率が異なる場合、主契約・特約を予定利率が異なるごとに独立した保険契約とみなして、高予定利率契約に該当するか否かを判断する。また、企業保険等において被保険者が保険料を拠出している場合で被保険者ごとに予定利率が異なる場合には、被保険者ごとに独立の保険契約が締結されているものとみなして高予定利率契約に該当するか否かを判断し、確定拠出年金保険契約については、被保険者が保険料を拠出しているか否かにかかわらず、被保険者ごとに高予定利率契約に該当するか否かを判断する。

なお、変額年金保険等のなかには年金原資や年金支払総額の保証を付しているものもあるが、補償対象として責任準備金等に該当するのは運用残高であり、契約時の保証年金原資や保証年金支払総額ではない。

他方、損害保険契約者保護機構の補償も、自賠責保険、地震保険、自動車保険（任意保険）、火災保険（ただし、個人または小規模企業者等の契約に限る）、傷害保険等のほとんどの保険（再保険を除く）が対象契約であるが、自賠責保険と家計地震保険については責任準備金ならびに保険金額が全額保護されるのに対し、その他の対象補償契約は保険種類等により補償割合が異なっている〔図表 1 － 8 〕。

保険契約者保護機構の財源は、原則として保険会社からの負担金により賄われる。ただし、資金援助等に要する費用が積み立てられている保険契約者保護基金を上回る場合は、保険契約者保護機構が政府から借入れを行うことで対応することができる。

なお、2027年 3 月末までは、各社が拠出する負担金および借入れだけで資金援助等の対応ができない場合は、国会審議を経て、生命保険契約者保護機構に対して国から補助金を交付することが可能となっている。

〔図表 1 － 7 〕 生命保険契約者保護機構の補償内容

補償の対象	補償の内容（補償割合）
国内の元受保険契約（最低保証のない変額保険等の特別勘定部分や再保険を除く）	原則として破綻時の責任準備金等の90％（高予定利率契約の補償割合は90％未満の場合もある）

（※）共済（こくみん共済 coop（全労済）、都道府県民共済、JA 共済、CO-OP 共済等）、少額短期保険業者は保護機構の会員ではないため、補償の対象外。

〔図表1－8〕損害保険の補償額

		事故発生時の補償 （保険金支払）	満期保険金 解約返戻金など
下記以外の保険	自賠責保険、家計地震保険	100%	
	自動車保険	破綻後3カ月以内 の保険事故100% 3カ月経過後80%	80%
	火災保険（※1）		
	賠償責任保険・動産総合保険等のその他の損害保険（※1）		
疾病・傷害・介護に関する保険	短期（保険期間1年以内）の傷害保険 海外旅行（傷害）保険		
	短期以外の傷害保険 医療に関する保険 がんに関する保険 医療費用保険 所得補償保険　　等	90%（※2）	90%（※2）（ただし、積立保険の場合、積立部分は80%）
	年金払積立傷害保険 財形貯蓄傷害保険 確定拠出年金傷害保険		90%（※2）

（※1）契約者が個人・小規模法人（常時勤務する職員数が20人以下の日本法人等）・マンション管理組合のものなど
（※2）高予定利率契約の場合は、契約条件により90%より追加で引き下げる場合がある。

❺ 少額短期保険業者

（1）制度発足の背景

　特定の者を相手方として保険の引受を行う共済には、従来、法規制や監督官庁がなかったが（制度共済を除く）、2005年4月に保険業法等の一部が改正され、2006年4月1日以後、これまで根拠法のなかった無認可共済事業においても、契約者保護の観点から、金融庁の管轄のもとで保険業法が適用されることになった。

　これにより既存の共済事業者は、2008年4月以降は保険会社の免許を申請・取得するか、新たな枠組みとして創設された少額短期保険業者として内閣総理大臣の登録を受けなければ、新規の引受はできなくなり、さらに2009年4月以降は保険業法違反の無免許保険業者として取り扱われることとされた〔図表1－9〕。

〔図表1－9〕少額短期保険業者と保険会社の相違点

	少額短期保険業者	保険会社
参入要件	登録制	免許制
最低資本金	1,000万円程度	10億円
取扱商品	少額・短期・掛捨てに限定	限定なし（高額・長期・運用型も可）
資産運用	預貯金（外貨を除く）・国債・地方債等	原則自由（株式・不動産・融資等も可）
生損保兼営	可	禁止
その他	情報開示・募集規制・責任準備金・検査・監督　等	

〔図表1－10〕少額短期保険業者が引受可能な保険期間・保険金額の上限

	保険種類	上限
保険期間	生命保険・医療保険	1年
	損害保険	2年
保険金額	疾病による重度障害・死亡	300万円
	疾病・傷害による入院給付金等	80万円
	傷害による重度障害・死亡	600万円 （傷害死亡のみの場合は原則300万円）
	損害保険および低発生率保険	1,000万円

(2) 少額短期保険業の制約

　少額短期保険業者が被保険者から引き受けることのできる保険期間や保険金額は〔図表1－10〕のとおり上限が定められている。ただし、1人の被保険者から引き受けるすべての保険契約（低発生率保険を除く）に係る保険金額の合計額は、原則1,000万円を超えてはならない。

　また、年間収受保険料は50億円以下、1保険契約者に係る総保険金額の上限を、本則の上限金額に100を乗じた金額（上限総保険金額）とする等の制約もある。

　たとえば、会社等の代表者を保険契約者とし、その構成員を被保険者とする損害保険では、上限総保険金額は10億円（1,000万円×100）であるため、500万円の保険金の場合、被保険者は200人（10億÷500万円）が上限となる（契約当初に上限総保険金額内であれば、契約期間内にやむを得ない理由で被保険者が増えた場合でも、10％までの超過が認められる）。

(3) 少額短期保険の商品性

　少額短期保険はミニ保険の通称でも親しまれ、「少額・短期・掛捨て」が特徴である。そのため、従来の生命保険や損害保険の概念にとらわれず、保障（補償）ニーズの隙間を埋めるユニークな商品性がセールスポイントとなっており、おおむね以下に分類できる。

- 既存の生命保険や損害保険では対象外の保険の目的を少額で保障（補償）する
- 既存の生命保険や損害保険の対象の保険の目的をさらに限定して少額で保障（補償）する

　例えば、被保険者は人であるという概念を外し保険の目的をペットとして治療費用等を補償するペット保険や、火災保険とは別に単独でも契約できる地震を補償する保険、社会的問題となっている独居高齢者の孤独死（大家への補償）やいじめ・各種ハラスメント（弁護士費用等の補償）に対応する保険等がある。また、対象をピンポイントに絞ることで廉価な負担で一定の保障（補償）を確保できるのも少額短期保険特有の商品性といえる。この一例として、特定の疾病（熱中症、新型コロナウイルス感染等）や特定の要介護状態・特定の障害者等を対象とする保険、特定のイベント（コンサート等のキャンセル費用やキャンプ時の損害、冠婚葬祭時の各種損害等）、特定の資産損害（自動車のタイヤ、スマホ等）に特化する保険などもある。

　少額短期保険業の制度発足時には、既存の小規模共済からの移行組がほとんどであったが、次第に新規のスタートアップ組や、生損保各社の子会社としての買収組や新規参入組が相次ぎ、全体として事業者が年々増加している。この要因として、保険業と比較した場合の少額短期保険業の算入要件のハードルが相対的に低いことに加え、少額・短期の商品性ゆえ、生損保商品に比べ、社会的なニーズに応じて柔軟かつスピーディーに商品設計から販売までが可能な点が挙げられる。しかしその反面で、近年の「コロナ保険・コロナ見舞金保険等」の例のように、保険経営上の損害率の見通しを誤り、新規販売停止に追い込まれるケースも稀ではない。

　現状、少額短期保険業は生損保と同様に、その募集時点においては保険業法等の適用を受け、受取金における税制も生損保保険と同様の扱いとされている。一方で、保険者の規模が小さく掛捨て型商品のみを扱うためか、生損保保険契約者保護機構の加入対象ではなく、保険料（掛金）は税制上の保険料控除の適用対象外の扱いである。

実務上のポイント

- 保険契約者と被保険者が異なる死亡保険契約の締結においては、被保険者の同意がない場合、その契約は無効となる。

- 損害保険契約の保険者は、保険事故による損害が生じた場合、保険の目的物が当該損害の発生後に保険事故によらずに滅失したときであっても、当該損害をてん補しなければならない。

- 保険金受取人の保険金請求権および保険契約者の保険料返還の請求権は、時効により3年で消滅する。

- 個人が、保険募集人の訪問を受けて、自らの居宅内において保険契約の申込みをした場合は、クーリング・オフの対象となる。

- 個人が、既に加入している保険契約を転換して新たな保険契約を締結した場合は、クーリング・オフの対象となる。

- ソルベンシー・マージン比率は、「ソルベンシー・マージン総額」を「リスクの合計額」の2分の1で除して算出する。

- エンベディッド・バリュー（EV）は、「修正純資産」と「保有契約価値」を合計して算出される。

- 基礎利益は、保険会社の基礎的な期間損益の状況を表す指標であり、経常利益から「キャピタル損益」と「臨時損益」を除いて算出される。

- 保有契約高は、保険会社が保障する金額の総合計額であり、個人年金保険では、年金支払開始前契約の年金支払開始時における年金原資の額と年金支払開始後契約の責任準備金の額の合計額となる。

- 生命保険契約者保護機構の補償では、破綻時の責任準備金等の90%までが補償される（高予定利率契約は除く）。

- 損害保険契約者保護機構における任意加入の自動車保険の補償割合は、保険会社破綻後3カ月以内に保険事故が発生した場合、支払われるべき保険金の全額が補償される。

- 損害保険契約者保護機構における年金払積立傷害保険契約の補償割合は、高予定利率契約を除き、保険金および解約返戻金・満期保険金の90%まで補償される。

- 少額短期保険業者は、保険契約者保護機構の補償の対象とならない。

第2章

生命保険

第 1 節

生命保険の仕組みと契約

❶ 生命保険の仕組みと機能

(1) 死亡保険、生存保険、生死混合保険

　生命保険は、「どのような保険事故で保険金が支払われるか」によって、死亡保険、生存保険、生死混合保険の3つに分類することができる。これらの組合せやその組み合わせた保険に特約を付加することで、いろいろな機能を持たせることができる。

① 死亡保険

　被保険者が死亡または高度障害状態になったとき保険金が支払われる保険が死亡保険である。典型的な死亡保険には、一定の保険期間に被保険者が死亡または高度障害状態になったときに保険金が支払われる定期保険、保険期間が被保険者の生涯にわたる終身保険がある。終身保険を主契約として、その主契約に定期保険を特約として付けたものが定期保険特約付終身保険である。この保険は、多額の保障が必要な期間は、終身保険に加えて保険料の安い定期保険で、生涯の保障は終身保険で準備をする、それぞれの特徴を組み合わせた死亡保険である。

　定期保険には、保険期間が満了するまで保険金額が変わらない（平準）定期保険、保険金額が保険期間の経過とともに逓減していく逓減定期保険、逆に逓増していく逓増定期保険、死亡保険金を年金形式で支払う収入保障保険（生活保障保険）がある。

② 生存保険

　被保険者が一定期間が満了するまで生存している場合にのみ保険金が支払われる保険が生存保険である。

　生存保険には、個人年金保険や貯蓄保険がある。ただし、個人年金保険では被保険者が年金受取開始前に死亡した場合は死亡給付金が支払われるので、満期までに生存したときにのみ保険金が支払われる純粋な生存保険ではない。

③ 生死混合保険

死亡保険と生存保険を組み合わせたもので、被保険者が保険期間内に死亡した場合には死亡保険金が、満期まで生存していた場合には満期保険金が支払われる保険が、生死混合保険である。

養老保険や定期保険特約付養老保険が典型的な生死混合保険である。養老保険は、死亡保険金と生存保険金を同じ割合で組み合わせたものであり、養老保険に定期保険を特約として付けて、養老保険の満期保険金額より死亡保険金額を多くしたものが、定期保険特約付養老保険である。

(2) 定額保険と変額保険

前述の分類のほかに、生命保険は定額保険と変額保険に分類することもできる。

定額保険は、将来、保険金を支払うために積み立てている責任準備金の運用利回りをあらかじめ保証して、保険金額および解約返戻金の金額を約定している保険である。

一方、変額保険は、運用利回りをあらかじめ保証せずに、運用実績によって保険金額および解約返戻金の金額が変動する保険である。

年金保険にも定額個人年金保険と変額個人年金保険がある。

② 生命保険料の仕組み

(1) 保険制度の基本的な原則

保険制度は大数の法則と収支相等の原則の2つを基礎として成り立っている。

① 大数の法則

個々の事象は偶発的なものであっても、事象を数多く集めて大数でみると、一定の法則性がある。これを大数の法則という。

この大数の法則に基づいて、生命保険は被保険者の性別および年齢別の死亡率・生存率により計算された保険料を適用する。しかしながら、同じ性別、同年齢の個々の被保険者がもつ危険度（既往症、職業など）にばらつきがあっては、大数の法則が働かず、保険制度は成り立たない。そのために、各被保険者の危険度を告知や診査で把握したり、職業による加入制限を設けたりしている。これを危険選択という。

第2章

② 収支相等の原則

　生命保険は、収入となる保険料総額（保険料受取総額＋保険料のうち将来の保険金支払のための積立部分の運用益）と支出となる保険金総額（支払予定保険金額総額＋保険制度維持のための事業費）が相等になるように保険料が算定されている。これが収支相等の原則である。

(2) 予定基礎利率

　保険料は予定死亡率、予定利率、予定事業費率の 3 つの予定基礎率により計算されている。

① 予定死亡率

　経験生命表に基づいた、性別、年齢ごとの年始の生存者数に対する 1 年間の死亡者数の割合を予定死亡率という。

　予定死亡率が高くなると死亡保険の保険料は高くなり、生存保険の保険料は逆に安くなる傾向がある。同年齢の男女の死亡率は男性のほうが高いため、死亡保険の保険料は、同年齢の男女では一般に男性のほうが高く、逆に、個人年金保険の終身年金などの生存保険では死亡率の低い女性のほうが保険料は高い。死亡保険や医療保険等におけるリスク細分型保険は、喫煙の有無や BMI 等により予定死亡率を区分することで、保険料に差をつけている。

② 予定利率

　保険料のうち、将来、保険金や給付金などの支払に備えて積み立てておく責任準備金は、運用で得られるであろう運用益をあらかじめ見込んで積み立てられる。そこで、あらかじめ見込んだ運用利回りの分だけ割り引いて保険料を定めている。この割引率を予定利率という。予定利率が高いほど契約者が支払う保険料は安く、逆に、予定利率が低いほど保険料は高くなる。

　なお、契約時の予定利率で保険料が決まるのは同じだが、予定利率を保険期間満了まで適用するのではなく、一定期間ごとに金利情勢等に基づき積立金に付利する積立利率が変動する積立利率変動型の終身保険や個人年金保険もある（ただし、保険料が変動するのではなく、以後の増加保険金等が変動した利率に応じて増加する仕組みとなっており、契約時の予定利率が最低保証されるのが一般的である）。

③ 予定事業費率

　保険契約にかかる営業社員や代理店への報酬、診査手数料などの新契約費や保険料の集金費、契約の保全などの維持費など、保険事業を経営するために必要な経費が保険料に組

み込まれている。あらかじめ見積もられて保険料に組み込まれたこの経費の割合を予定事業費率という。保険事業が効率的に運営されているほど、予定事業費率は小さくなり、保険料も安くなる。

(3) 純保険料と付加保険料

　契約者が支払う保険料は保険金支払の財源となる純保険料と、私的保険制度を運営・管理していくために必要な経費に充てる付加保険料からなる〔図表２−１〕。

　純保険料は、死亡保険金を支払うための財源となる死亡保険料（危険保険料）と満期保険金の支払の財源となる生存保険料（貯蓄保険料）から成り立っている。いずれも、予定死亡率、予定利率を基礎に計算される。付加保険料は予定事業費率に基づく保険料で、予定新契約費、予定集金費、予定維持費で構成されている。

〔図表２−１〕保険料の構成と剰余金

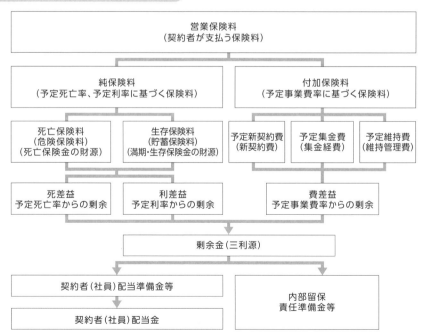

(4) 責任準備金

　純保険料のうち、将来の保険金、給付金を支払う財源として積み立てておく準備金を**責任準備金**という。責任準備金には、死亡保険金を支払う財源となる責任準備金と満期保険金を支払う財源となる責任準備金がある。

　死亡保険金を支払う財源となる責任準備金についてみてみると、一般的に、年齢が高くなるにつれて死亡率は高くなるため、死亡保険料は年齢が増すごとに高くなる。この年齢に応じて高くなる保険料を**自然保険料**という。一方、生命保険の保険料は、基本的に保険期間を通じて同額である。この平準化された保険料を**平準保険料**という。

　平準保険料は、年齢が高いときの自然保険料を先払いしているので、この先払い分は将来の死亡保険金を支払うために積み立てておかなければならない。その結果、死亡保険金を支払う財源となる責任準備金が発生する。当該責任準備金は、定期保険の場合、保険期間の途中までは逓増するが、その後逓減し、保険期間満了時にはゼロとなる〔図表2－2〕。

　これに対し、保険期間が生涯にわたるため必ず死亡保険金の支払いが発生する終身保険での責任準備金は保険金と同額になるまで逓増していく。また、養老保険のように満期保険金のある商品では、満期保険金を支払うための積み立ても必要になるため、責任準備の額は大きくなり、満期時に満期保険金と同額になるまで逓増する。

　保険法では、保険料積立金の払戻しが必要な場合について規定している。**保険料積立金**とは、保険会社が将来の保険金支払に備えて積み立てている準備金であり、おおむね責任準備金と同義的に位置づけられるが、会計上（または保険数理上）では、一般的に「責任準備金＝保険料積立金（純保険料責任準備金）＋未経過保険料＋危険準備金（異常な保険

〔図表2－2〕責任準備金の仕組み（定期保険のケース）

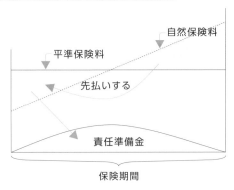

事故に備えて剰余金の一部を積み立てたもの)」とされている。

　また、保険法施行に合わせ、約款上の表記を責任準備金から保険料積立金に改定している保険会社もある。なお、責任準備金から一定の解約控除等を差し引いたものが解約返戻金である。

(5) 責任準備金の積立方式

　責任準備金の積立方法には、平準純保険料式とチルメル式の2種類がある。原則的な標準責任準備金制度における積立方式は、平準純保険料式とされている。

　平準純保険料式とは、事業費を保険料払込期間にわたって毎回一定額(平準)と想定し、責任準備金を計算する方法をいう。保険契約の初年度は契約にかかる営業社員や代理店への報酬、診査手数料などの新契約費がかさむが、平準純保険料式では初年度から保険金支払財源に必要な責任準備金を積み立てる方式である。

　チルメル式とは、事業費を初年度に厚くして責任準備金の積立を少なくし、初年度以降、一定の期間(チルメル期間)で償却すると想定し、責任準備金を計算する方法である。チルメル期間は5年、10年、15年、20年、全期間などがある。チルメル期間中の責任準備金は平準純保険料式のほうが多く積み立てられるが、チルメル期間経過後は同等となる。

❸ 剰余金・配当金の仕組み

(1) 剰余金の三利源

　保険料の計算基礎となる3つの予定基礎率は、安全を見込んで余裕をもって決定されていることなどから、実際の基礎率と差が生じるのが一般的である。この予定基礎率と実際の基礎率の差額により生ずるのが剰余金である〔図表2−3〕。

　剰余金が生じる3つの要因を剰余金の三利源という。

- 死差益……実際の死亡による支払保険金額が予定死亡率による支払保険金額よりも少ない場合に生じる剰余金
- 利差益……実際の運用収入が予定利率による運用収入より多い場合に生じる剰余金
- 費差益……実際の事業費が予定していた事業費よりも少ない場合に生じる剰余金

　なお、死差益については、実際の死亡者数が見込んだ死亡者数より多くなる場合に生じる生存保険のタイプのものもある。

〔図表2-3〕剰余金・配当金の発生する仕組み

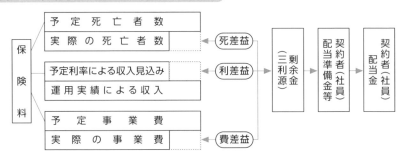

(2) 有配当保険と無配当保険

　剰余金を配当金として分配する保険を有配当保険、分配しない保険を無配当保険という。

　有配当保険では、生命保険会社は、原則として剰余金から基金利息、損失てん補準備金、基金償却積立金への繰入額等を控除した金額の20%以上を、社員配当準備金（契約者配当準備金）等へ繰り入れる。配当金は、保険種類、加入期間等によって異なり、契約者間の公平を期している。有配当保険には、三利源配当タイプと利差配当タイプがある。

　一般的に、保険料は無配当保険のほうが安く、また、有配当保険のなかでは三利源配当タイプより利差配当タイプのほうが保険料は安い。

　なお、契約者配当金は、多めに見積もった保険料の事後精算（割戻金）的な意味をもっている点で、株式配当金とは性格を異にしているため、保険期間中に支払われる配当金には、直接課税されず、生命保険料控除で調整される。他方、保険金等とともに支払われる配当金は、保険金等と合わせて課税の対象となる。

① 有配当保険の配当タイプ

　三利源配当タイプは、利差益、死差益、費差益を合計して、剰余が生じた場合に、契約者配当金として分配する。三利源配当タイプは「毎年配当型」が主流だが、「3年ごと配当型」等もある。

　一方、利差配当タイプは、3つの差益のうち、利差益から生じた剰余についてのみ、一定期間ごとに契約者配当するタイプで、準有配当保険とも呼ばれる。死差益と費差益については、剰余が生じても配当金として分配しない（予定死亡率と予定事業費率は無配当用の基礎率を設定する）。5年ごとに配当する「5年ごと利差配当型」が主流だが、「3年ごと利差配当型」「毎年利差配当型」もある。

② 社員（契約者）配当金の種類

配当金には通常配当（普通配当）と特別配当がある。

通常配当（普通配当）は、三利源タイプの「毎年配当型」の場合、通常、契約後3年目の契約応当日から毎年、利差配当タイプの「5年ごと利差配当型」の場合は契約後6年目の契約応当日から5年ごとに支払われる。

一方、一定以上の期間が経過している長期継続契約に対して、通常配当のほかに、契約消滅（保険金の支払・解約）時等に特別配当が支払われることがある。

通常配当が毎年生じる剰余金を財源とするのに対し、特別配当は、土地や有価証券などの売却益などが財源となる。長期継続契約に対して支払われるのは、土地や有価証券などの含み益に対する長期継続契約の貢献度が大きいためである。

③ 社員（契約者）配当金の支払方式

配当金の支払方式には、次の4つの方式がある。保険会社や保険商品によって支払方式が異なる。

ａ．積立配当方式

契約が消滅するまで、あるいは契約者から請求があるまで配当金を保険会社に積み立てる方式。積立配当金は所定の利率で複利運用される。一般的には、途中引出しができるが、引出し後は再び預けられない（個人年金保険料控除の対象となる税制適格特約付きの個人年金保険は途中引出しが不可）。配当金の支払方式としては、現在はこの積立配当による場合が圧倒的に多い。

ｂ．保険金買増し方式

配当金を一時払いの保険料として、保険を買い増して、保険金額を増やしていく方式。

ｃ．保険料相殺方式

配当金を保険料に充てる方式。契約者配当金の額だけ保険料は安くなる。

ｄ．現金配当方式

配当金を、毎年現金で契約者に支払う方式。

❹ 契約手続と保険約款

生命保険契約は、契約者と保険会社の合意で契約が成立する諾成契約である。保険法では、保険契約および生命保険契約を次のように定めている。

a．保険契約（保険法第2条1項）

保険契約、共済契約その他いかなる名称であるかを問わず、当事者の一方が一定の事由が生じたことを条件として財産上の給付（生命保険契約および傷害疾病定額保険契約にあっては、金銭の支払に限る。以下「保険給付」という）を行うことを約し、相手方がこれに対して当該一定の事由の発生の可能性に応じたものとして保険料（共済掛金を含む。以下同じ）を支払うことを約する契約をいう。

b．生命保険契約（保険法第2条8項）

保険契約のうち、保険者が人の生存または死亡に関し一定の保険給付を行うことを約するもの（傷害疾病定額保険契約に該当するものを除く）をいう。

（1）約款

保険会社は、不特定多数の顧客と取引を行っている。そのために、取引内容を定めた生命保険約款を保険種類ごとに作成し、内閣総理大臣の認可を受けて、不特定多数の顧客と公平に契約ができるようにしている。

生命保険約款には、主契約（普通約款）と特約（特約条項）が定められている。顧客のオプションによっていろいろな特約を主契約に付けられる。ただし、主契約が消滅すると、特約も消滅する。

なお、約款については、多様な取引で活用されているにもかかわらず、これまで民法上の規定が存在しなかったが、2017年の民法改正により、2020年4月1日より「定型約款」の規定が新設された。

定型約款は、「ある特定の者が不特定多数の者を相手方とする取引であって、その内容の全部または一部が画一的であることが当事者双方にとって合理的なもの」を「定型取引」と定義したうえで、この定型取引において「契約の内容とすることを目的としてその特定の者により準備された条項の総体」と定義される。

本改正により、相手方の合意等や内容の事前表示により定型約款が契約の内容となる点や、一定の要件を満たせば個別の合意を得ることなく定型約款の変更ができる点が規定された。加えて、定型約款のうち、相手方の利益を一方的に害すると認められる内容については、相手方が合意したとみなされない（契約内容とならない）点が明確化されている。

（2）ご契約のしおり

約款は、契約の内容について正確を期すために記載事項が多く、詳細にわたって、法律用語で書かれているためにわかりにくい。そこで、約款の中の重要事項を平易に解説した

ものがご契約のしおりである。

　生命保険募集人（営業社員・保険代理店）は契約締結前に、契約内容を顧客に十分に理解してもらうため、ご契約のしおりを顧客に手渡して、重要事項を説明する説明義務が課せられている。

　重要事項に該当するものは、次の項目である。

① 告知義務

② クーリング・オフ制度

③ 責任開始期

④ 転換・乗換え募集時に不利益となる事実

⑤ その他顧客に参考となるべき情報

（3）情報提供義務・意向把握義務

　さらに、顧客が重要事項を理解したうえで、約款とご契約のしおりを手渡しされたことを確認するため、契約者は受領印を押印することとなっている。加えて、契約者および被保険者は、申込書等の所定の欄に押印・署名のうえ提出することとなっている。なお、ご契約のしおりと同時に、契約概要および注意喚起情報を分類して作成したうえで交付し、説明しなければならない（情報提供義務）。

- ● 契約概要　……保障（補償）内容や保険期間、解約返戻金の有無、保険金変動リスクなど、契約者が商品内容を理解するうえで欠かせない基本的な情報を記載。

- ● 注意喚起情報……保険金が支払われないケース、クーリング・オフが適用されないケースなど、契約者が不利益を被るような情報を記載。

　また、保険商品の特徴や申込内容が意向（ニーズ）に合致しているかを、契約締結前に顧客自身で最終確認する機会を確保するための書面が、意向確認書である。意向の把握から提案商品の説明、意向確認等の一連のプロセスは、「顧客の意向の把握等」として求められている（意向把握義務）。

（4）契約の承諾と責任開始

　申込みから契約が成立するまでを図解すると〔図表2－4〕のとおりである。

　保険法では、契約者の請求の有無にかかわらず、契約締結の際には遅滞なく書面を交付することを保険会社に義務付けている。これが保険証券である。

　また、保険会社の契約の承諾は、保険証券の発行をもって承諾の通知に代えるのが一般

〔図表2-4〕申込みから契約が成立するまで

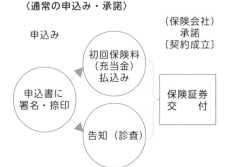

〈通常の申込み・承諾〉

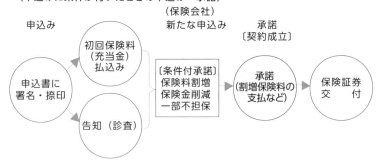

〈申込みに条件が付いたときの申込み・承諾〉

〔図表2-5〕責任開始期

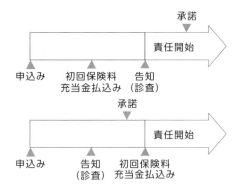

的である。保険契約は諾成契約であるため、保険証券の発行をもって契約の効力が発生することになり、保険証券が郵送されるまでの間は契約の効力が発生していないことになる。

そのため、一般的に約款により、「申込み」「告知（診査）」「第1回保険料（充当金）の払込み」の3つがすべて完了し保険契約として有効に成立すると「告知（診査）」または「第1回保険料（充当金）の払込み」のどちらか遅い時期に遡って保険契約上の責任（債権・債務）が開始されることとしている〔図表2-5〕（保険料口座振替特則を前提に、第1回保険料払込み前に責任開始とする会社もある）。

この責任の開始日を、責任開始日または責任開始期という。責任開始日＝契約日となるケースもあるが、保険種類や保険料払込方法により、便宜上、契約日を責任開始日の属する月の翌月1日とする場合もある。

責任開始日から契約上の責任が終わるまでの期間を保険期間という。

なお、責任開始日（責任開始期）については条件が付いた契約も条件の付かない契約と同様である。

（5）告知義務

保険法は、契約者または被保険者に、保険会社が契約の申込みを引き受けるか否かの判断、すなわち、危険度を判断（危険選択）するときの重要事項（健康状態、身体の障害状態、職業など）を保険会社に告知することを義務付けている。

告知の方法には、以下の2つがある。

① 医師の診査を行わない（無診査）場合は、告知書に記載されている質問事項に被保険者（または契約者）が自ら自署記入して告知する方法による。

② 医師の診査を行う（有診査）場合は、医師が告知書に基づいて質問した事項について、被保険者（または契約者）が医師に対し口頭によって告知したものを医師が記入し、当該内容を被保険者（または契約者）が確認後、自署する。保険募集人等に対し口頭で告げても告知したことにはならない。

なお、告知義務は質問応答義務となっており、「契約者または被保険者は保険事故発生の可能性（危険）等に関する重要な事項のうち、保険会社が告知を求めたもの（告知事項）についてのみ事実の告知をすれば足りる」とされている。

（6）特別条件付契約

告知内容により契約の引受ができない場合もあるが、特別の条件（割増保険料、保険金削減、特定疾病や部位の不担保など）を付けて契約を引き受けることもある。これを特別

条件付契約という。なお、保険会社によっては、病気の者であっても病気の種類や時期等によっては契約引受を可能とした商品を取り扱っている（保険料は通常より高い）。

(7) 保険料の払込み

　保険料の払込みについては、保険期間の全期間にわたって保険料を払い込む全期払いと保険期間より短い期間で保険料を払い込む有期（短期）払いがある。

　保険料の払込方法には、月払い、半年払い、年払いのほかに、保険期間の全期間の保険料を一時に支払う一時払いがある。また、年払いを年1回払い、半年払いを年2回払いに変更している保険会社もある。なお、他の契約条件が同じ場合、保険料の支払総額が最も少ないのは一時払いである。

　払込期日が到来していない保険料の一部または全部を、あらかじめまとめて払い込むこともでき、これを前納（一括払い）という（なお、保険料の全部を払い込むことを全期前

〔図表2－6〕保険料払込猶予期間

● 月払契約の場合……払込期月の翌月の初日から月末まで。

● 年払（年1回払い）・半年払（年2回払い）契約……
払込期月の翌月の初日から翌々月の契約応当日まで。ただし、契約応当日が2月・6月・11月の各末日の場合には、それぞれ4月・8月・1月の各末日までとなる。

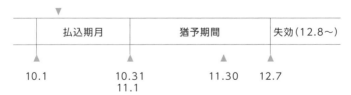

（※）月単位の契約応当日がない場合……
たとえば契約応当日が7月31日の場合（年払、半年払契約）、猶予期間は、8月1日～9月30日までとなる。

納という）。前納の保険料は、保険会社の定める利率で割り引かれる。また、保険会社が預かった前納の保険料は、保険会社の定める利率で積み立て、払込期月ごとに保険料に充当する。なお、前納保険料のうち、保険期間が到来していない分については、「預り金」であるため、保険金支払時や、解約時に契約者へ返還される。ただし、預り金は契約の消滅時にのみ払戻しが受けられ、契約途中で任意に引き出すことはできない。

（8）保険料払込猶予期間

　保険料を払込期月内に払わなかった場合でも、すぐに契約が失効するのではなく、払込期月を過ぎても保険会社は一定期間、保険料の払込みを待つことになっている。この期間のことを保険料払込猶予期間という。

　猶予期間は、月払契約、年払・半年払（年1回払い・年2回払い）契約に区分して、原則として〔図表2－6〕のとおり定められている。万一、猶予期間中に保険事故が発生した場合、契約は失効していないので、保険金や給付金は支払われるが、保険金や給付金は猶予している保険料と相殺した金額となる。

　なお、変額保険・変額年金保険・積立利率変動型終身保険やかんぽ生命保険（民営化前の簡易生命保険も同様）、その他一部の保険会社が取り扱う商品では、払込猶予期間についての定めが異なっている。

（9）契約の失効と復活

　保険料払込猶予期間が経過しても保険料の払込みがなく、解約返戻金がある場合は、通常、解約返戻金の範囲内で保険会社が保険料を自動的に立て替え契約を有効に継続させる自動振替貸付制度（保険料振替貸付制度）が適用される。しかし、その効力がなくなり保険会社の定める所定期間が経過しても払込みがないときや、自動振替貸付制度が適用されない契約、または同制度を適用しない旨を選択しているときは、保険料払込猶予期間が終了すると契約の効力がなくなる。これを失効という。

　いったん失効した契約でも、失効後、保険会社が定めた期間内であれば、契約を前の状態に戻すことができる。これを復活という。なお、保険会社や保険種類によっては、復活ができない場合もある。

　復活するには、保険会社の承諾と延滞保険料の払込みが必要で、保険会社によっては延滞保険料の利息が必要なところもある。また、医師の診査や告知が必要となる。

　復活の責任開始の要件は、契約の申込みをする場合と同じであるが、復活時の保険料は失効時と同額で、配当も継続される。なお、解約すると復活はできない。もちろん、特約

だけの復活もできない。

（10）保険料返還の制限

保険法では、保険料返還の制限として、次のいずれかの場合に限り、保険会社が契約者に保険料を返還する必要がない旨を定めている。

① 契約の無効

保険金の不法取得目的等の場合。たとえば、保険契約者・被保険者・保険金受取人が契約申込みの際に、既に支払事由が発生していることを知っていたために無効となった場合等（保険会社がその事実を知りつつ申込みを承諾した場合を除く）

② 契約の取消し

保険契約者・被保険者または保険金受取人による詐欺や脅迫による場合等

なお、保険会社の多くは上記事由以外で契約が終了する一定の場合、既払込保険料に対する未経過期間があれば、その期間分の保険料相当額を返還する旨を約款で定めている。たとえば、年払い（年 1 回払い）・半年払い（年 2 回払い）の保険契約において、次のいずれかの場合等が該当する。

- 契約の消滅（解約・保険金支払など。ただし、保険契約者の故意による被保険者の死亡を除く）
- 保険料払込免除
- 保険金額の減額（減額部分に対応する保険料）
- 払済保険・延長保険への変更（残高がある場合）

❺ 生命保険契約の見直し

保険の見直しは、次のステップを踏むのが一般的である。

① 社会・経済環境を前提にして、顧客のライフデザインとライフプランを分析する。
② そのライフプランのなかにあるリスクの発見と分類を行い、確認する。
③ 現在ならびに将来の必要保障額を計算するなど、ライフプランのなかにあるリスクを評価、測定する。
④ 現在加入している保険の内容を十分に理解し、分析する。保険の内容を図解して、家族の年齢を記入すると理解しやすい。

⑤ 左記②、③、④に基づいて保険の見直しをする。

このうち、④の現在加入している保険の内容は保険証券と約款・ご契約のしおりを読み取ることにより理解できる。

（1）契約当事者の確認

顧客ニーズに基づき保険契約を締結したとしても、契約者等の名義によっては、そのニーズを満たせないこともある。そのため、生命保険契約の設計、見直しを検討する場合は、「契約者」「被保険者」「保険金受取人」を確認する必要がある。

その場合、次の点に留意する。

- 保険事故が発生した場合を想定して、被保険者と保険金受取人の関係を確認する。
- 上記の関係に応じた保険金受取時の税務関係を確認する。
- 被保険者の年齢と併せて、家族の年齢を聞き出して、保険金額、保険期間と子どもが独立するとき（社会人になるとき）の年齢を確認する。

① 契約者

保険契約のいっさいの権利・義務を負う者である。原則として、契約者と保険料負担者は同一人である。契約者と保険料負担者が異なる場合、保険金受取時の税務関係は「契約者」ではなく、「保険料負担者」と「被保険者」「保険金受取人」の関係で決まることになる。

② 被保険者

保険事故（その者の生死、災害および疾病等）に関し、生命保険の対象となる者である。被保険者は契約者と同一人でもよく、またそれ以外の者でもよい。なお、契約者と被保険者が異なる契約の場合、原則として被保険者の同意がなければ契約は無効（医療保険等で被保険者と受取人が同一人の場合等は除く）となる。なお、高度障害保険金等の生前給付保険金や各種給付金は、原則として被保険者が受取人となる。

③ 保険金受取人

契約者から保険金の受け取りを指定された者である。保険金受取人は、満期保険金受取人と死亡保険金受取人に分かれる。また、個人年金保険の受取人は年金受取人となる。

「契約者（保険料負担者）」「被保険者」「保険金（年金）受取人」になる者によって、その保険契約から受け取る満期保険金あるいは死亡保険金に係る税務が異なるため注意が必要である。

（2）保険の見直しに伴う手続

①　中途増額、特約の中途付加

主契約・特約保険金または給付金の中途増額、特約の中途付加は、保険会社や特約の種類によっても異なるものの、一般的に保険会社の承諾と告知または医師の診査が必要となる。また、増額部分の保険料は、増額や中途付加のときの年齢・保険料率で計算される。

②　契約転換

現在の保険を解約することなく下取りに出して、同一の保険会社で新規に契約する方法である。転換前契約の責任準備金や積立配当金を「転換（下取り）価格」として、転換後契約の一部に充てるので、その後の払込保険料はその分だけ安く済むことになる。

契約転換は、基本的に新規で別の保険に契約するのと同じなので、保険金額の増額や保険の種類、保険期間、付保する特約などを総合的に変更することができる。また、一般的に転換前契約の特別配当金の権利は新しい契約にも引き継がれる。ただし、保険料は転換時の年齢・保険料率で計算され、また、契約転換する際には、告知または診査が必要となる。

契約転換は、転換価格を新契約のどの部分に充当するかによって、方式が異なる。

ａ．基本転換方式〔図表2－7〕

転換価格を主契約のみに充当する方式。主契約の保険料負担が軽減される。

ｂ．定特転換方式（定期保険特約転換方式）〔図表2－8〕

転換価格を特約部分のみに充当する方式。特約部分の保険料負担が軽減される。ただし、特約に更新がある場合、更新後は転換価格の充当がないため保険料が高くなる。

ｃ．比例転換方式〔図表2－9〕

転換価格を一定の割合で分割し、主契約と特約部分のそれぞれに充当する方式。主契約と特約部分それぞれについて、保険料負担が軽減される。特約に更新がある場合、更新後の保険料負担が軽減されるのは主契約のみとなる。

ｄ．分割転換（一部転換）方式〔図表2－10〕

転換前の契約の一部分を転換価格として利用し、新たな保険を契約する方式。ａ．～ｃ．の方式では、いずれも転換前の契約は消滅するが、この方式の場合は転換前の契約が一部継続することになる。

③　減額

減額とは、保険金額を減らし、以降の保険料負担を少なくする方法である。減額部分は一部解約したものとして取り扱い、その部分の解約返戻金があれば払い戻す。ただし、個

〔図表2－7〕基本転換方式（例）

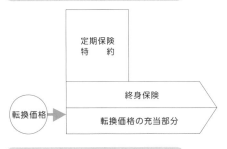

〔図表2－8〕定特転換方式（例）

〔図表2－9〕比例転換方式（例）

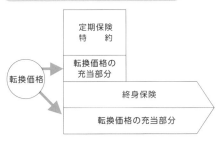

〔図表2－10〕分割転換（一部転換）方式（例）

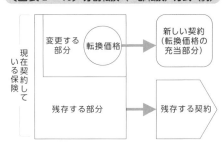

人年金保険料税制適格特約が付加されている個人年金保険の基本年金を減額した場合、一般に、減額した基本年金額に相当する解約返戻金が払い戻されることはなく、将来受け取る年金として積み立てられる。

　なお、主契約の保険金額を減額すると各特約の特約保険金額・給付金額などが同時に減額される場合もあるので注意を要する。

(3) 積立配当金の引出しと契約者貸付

　契約者に一時的にお金が必要になったときは、それまでに積み立てていた積立配当金を引き出したり、解約返戻金の一定の範囲内で解約返戻金を担保にして契約者貸付を受けたりすることができる。

① 積立配当金の引出し

　積立配当にしているときは、積立配当金の全部または一部を途中で引き出すことができる。ただし、個人年金保険料税制適格特約が付加された個人年金保険などにおいては、積立配当金の途中引出しができず、増額年金として基本年金に上乗せされて受け取ることになる。

②　契約者貸付

　解約返戻金の一定範囲（一般に解約返戻金の 7 ～ 9 割、保険会社や保険種類によって異なる）で貸付を受けることができる（保険種類によって適用できない場合もある）。

　貸付金の利息は、保険会社が定める利率により複利で計算される。この利率は年 2 回見直すことになっているが、一般的に、予定利率に貸付のための金利を上乗せするため、保険の契約時期によって貸付利率が異なる。貸付金は、全額または一部をいつでも返済でき、また、利息もいつでも支払うことができるが、貸付金と利息の合計額が解約返戻金を上回ってしまった場合には、契約は失効する。また、保険金の支払、解約などで契約が消滅する場合で、貸付金の残高ならびに支払利息の未払があるときは、支払保険金または解約返戻金と相殺する。なお、貸付を受けた場合でも、貸付を受けていない契約と同様の配当金が支払われる。

(4) 自動振替貸付

　保険料を払い込まないで猶予期間が経過すると契約は失効する。そこで、解約返戻金の範囲内で保険会社が保険料を自動的に立て替えて、契約を有効に継続させる制度がある。これを自動振替貸付（保険料振替貸付）という。一時的に保険料が支払えなくなった場合に利用される。

　また、自動振替貸付を受けた場合でも、保険会社が定める期間内に、払済保険・延長（定期）保険への変更、保険金額などの減額、解約の請求があれば、自動振替貸付はなかったものとして、その請求の手続が行われる。

　利率についての取扱いや、支払期限、契約が消滅する際に自動振替貸付の残高や未払利息がある場合には保険金や解約返戻金と相殺する点などは、契約者貸付と同様である。契約者貸付と合わせた元利金が解約返戻金を上回る場合や、払込方法に応じた約定保険料に解約返戻金の額が満たなくなった場合、保険料の立替えはできないので、契約は失効する。

(5) 払済保険、延長（定期）保険

　一時的ではなく継続的に保険料を払えない見込みであるときは、払済保険や延長（定期）保険へ変更することができる（告知や診査は不要）。保険料を支払わないで保障を継続したいときに利用される。

①　払済保険への変更

　保険料の払込みを中止して、その時点での解約返戻金相当額（契約者貸付や自動振替貸付がある場合、その元利金を差し引いた額）で、一般的に原保険契約（以下「原契約」と

〔図表2－11〕 払済終身保険への変更

（※）原契約と同じ種類の保険に変更する場合等（保険種類により異なる）

いう）と同じ種類の保険もしくは一時払いの終身保険（または養老保険）に変更するのが払済保険である。たとえば、定期保険特約付終身保険は、払済保険に変更後、一時払いの終身保険となる〔図表2－11〕。

　変更後の保険金額は、一般的に原契約の保険金額よりも少なくなる。また、変更後の保険期間は原契約と変わらない場合も多いが、変更後の保険種類により異なる。解約返戻金が少ない場合や、保険種類によっては、払済保険への変更はできない。また、個人年金保険料税制適格特約を付加した個人年金保険は、後述する個人年金保険料控除の要件を満たさなくなるため、契約日から10年間は払済年金保険に変更することができない。

　なお、払済保険に変更したときは、一般的に原契約の各特約は消滅するが、リビング・ニーズ特約は継続される。また、一般的に、変更前の契約の予定利率が引き継がれ、配当金や特別配当の権利も引き継がれる。

② 延長（定期）保険への変更

　保険料の払込みを中止して、その時点での解約返戻金相当額（契約者貸付や自動振替貸付がある場合、その元利金を差し引いた額）で原契約の保険金額と同額の一時払定期保険に変更するのが延長（定期）保険であり〔図表2－12〕、変更時の解約返戻金の金額によって、次の2つの場合が生じる。

　a．解約返戻金が少なく、変更後の保険期間が原契約の保険期間よりも短くなる場合は、変更後の保険期間の満了をもって契約は消滅する。

　b．解約返戻金が多く、変更後の保険期間が原契約の保険期間を超えることになるときには、原契約の保険期間にとどめて、その満了日まで生存したときには、満了日に生存保険金が支払われる。生存保険金は、元の契約の保険金より小さくなる。

　なお、延長（定期）保険も払済保険と同様に、原契約の特約は消滅する（払済保険と異

〔図表2−12〕延長（定期）保険への変更

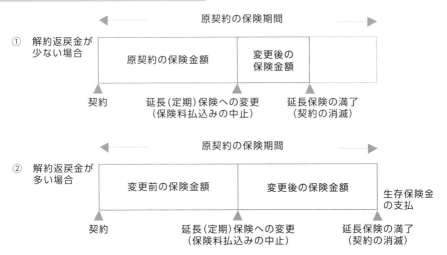

なり、リビング・ニーズ特約も消滅するのが一般的である）。

(6) 復旧

　保険金の減額、払済保険、延長（定期）保険への変更日以後、保険会社が定める期間内であれば、保険会社の承諾を得て、原契約に戻すことができる（保険会社や保険商品によってはできない）。これを原保険契約への復旧という。復旧するときには、告知または診査と復旧部分の積立金や保険料の不足額を払い込む必要がある。

(7) 保険料払込免除

　被保険者が不慮の事故で、一定期間内に約款に定められた所定の身体障害状態になった場合（たとえば、両耳の聴力を永久に失った場合など）は、以後の保険料の払込みは免除される。なお、これとは別に特約保険料を支払い、がんなど一定の保険事故に該当すると保険料の払込みが免除となる保険料払込免除特約もある。保険料払込免除の場合も、免責事由を保険会社は約款により規定している。

(8) 契約者・受取人の変更

　保険契約者は、被保険者ならびに保険会社の同意を得て、その権利および義務のすべてを第三者に承継させることができる。また、保険契約者は、被保険者の同意を得て、保険

金受取人を変更できる。養老保険などの満期がある保険の場合の満期保険金受取人や個人年金の年金受取人についても、同様に変更が可能である。ただし、個人年金保険料税制適格特約が付加された個人年金保険の場合には、税制適格要件を満たさない年金受取人への変更は不可となっている。

なお、契約者や受取人の生存中に名義変更を行っても、その時点では課税関係は発生しない。

また、保険法の規定により、**遺言による保険金受取人の変更も可能である**が、その遺言が効力を生じた後に、契約者の相続人がその旨を保険会社に通知しなければ、保険会社に対抗することができないとされている。

(9) 主契約（特約）の更新

保険期間が満了したときに、**健康状態に関係なく、無告知・無診査**でそれまでと同一（または減額等）の保障内容、保険金額で、所定の年齢まで保障を継続する制度が更新である。

更新後の保険料は、更新時の契約年齢、保険料率が適用される。

更新には、自動的に更新するタイプと契約者の申出によって更新するタイプがある。

自動更新の場合は、契約者が更新しない旨を申し出るか、保険金額の減額など異なる契約内容で更新する旨を申し出なければ、同一の保障内容で自動的に更新される。

(10) 解約

保険契約者は、保険契約を解約できる。解約によって保険契約は消滅する。

保険契約を解約すると、保険会社は、解約返戻金を支払う旨の定めがある場合、保険契約者に解約返戻金を支払わなければならない。

なお、保険法では、被保険者が同意した前提に変更が生じたとき（離婚等）、**被保険者が契約者に対して契約の解除（解約）を請求できる**とされている。

❻ 保険金の支払

(1) 保険金や給付金の請求

保険金支払事由が生じた場合は、死亡保険金受取人が死亡保険金、満期保険金受取人が

満期保険金、被保険者が高度障害保険金ならびに給付金を請求できる（保険契約者が法人で、かつ、法人が死亡保険金受取人となる「法人受取契約」の場合は、高度障害保険金ならびに給付金受取人は、原則法人となる。ただし、当該契約の契約者を法人から従業員に名義変更して当該法人の従業員である被保険者に保険契約の現物支給を行う場合、これらの受取人は原則として被保険者となる）。

　特定疾病保障保険やリビング・ニーズ特約等は、被保険者が特定疾病保険金および特約保険金等の受取人であるが、やむを得ない場合は、あらかじめ指定している指定代理請求人（所定の親族の範囲で通常1名、保険事故発生前であれば変更可）が被保険者の代理人として保険金を請求することができる（指定代理請求制度）。指定代理請求人の範囲は保険会社により異なる場合があるが、一般的には被保険者等の配偶者、直系血族、同居または生計同一の3親等以内の親族の中から選ぶことになる。ただし、昨今では、その他の親族や一定の財産管理等を行う者で保険会社が認めた者も含める会社もある。また、指定代理請求人とは別に保険契約者代理請求人を指定できる会社もある。これにより、契約者に代わって住所変更や解約等の所定の手続きを行うことができる（保険契約者代理特約制度）。指定代理請求制度も保険契約者代理特約制度も、契約者や受取人（被保険者）の意思表示ができなくなった後では指定することができない。法人が契約者（指定代理請求制度においては保険金・給付金等の受取人が法人の場合も含む）の場合も同様である。

　なお、保険法には、適正な保険金支払のために必要な調査のための合理的期間（約款に記載）が経過したときから、保険者（保険会社）は履行遅延の責任を負担する（遅延利息を支払う等）旨の規定が片面的強行規定として設けられている。合理的期間の設定は保険会社により異なるが、特別な確認や照会、調査等を要する場合を除き、生命保険契約ではおおむね5日、損害保険契約では30日が目安となっている。この日数の起算日は、一般的に、保険金支払や解約等に関する必要書類が保険会社に到着した日の翌日（翌営業日）とされている。

(2) 保険金が支払われない場合

　所定要件に該当すると、保険期間の途中で契約が強制的に消滅する場合、または保険金支払事由が生じても保険金が支払われない場合がある。これらは、保険会社が約款で定めているほか、保険法においても規定されている。

　次のような事由に該当する場合、原則として既払込保険料は返還されないが、一定の場合を除き解約返戻金または保険料積立金（責任準備金）が支払われる〔図表2－13〕。

〔図表2-13〕契約終了事由別の返還金の比較（保険会社により異なる場合がある）

契約の終了事由等	保険料積立金（責任準備金）	解約返戻金
告知義務違反による解除		○
重大事由による解除		○
不法取得による無効		○
詐欺等による取消し		○
被保険者の所定期間内の自殺による免責	○	
保険金受取人の故意による免責（※1）	○	
保険契約者の故意による免責（※2）		
戦争その他の変乱による免責（※3）	○	
契約者等による任意解除（参考）（保険者の責任開始前）	○	
契約者等による任意解除（参考）（保険者の責任開始後）		○

（※1）受取人が複数の場合、被保険者の殺害に無関係な受取人に対しては、その者の受け取るべき割合の保険金を支払う。
（※2）保険契約者の故意による被保険者の死亡等の場合は何も支払われない場合が多い。
（※3）保険の計算基礎に及ぼす影響が少ないと保険会社が認めた場合には、保険金を全額または削減して支払う。

① 解除

　保険会社による契約解除の事由として、告知義務違反による解除と重大事由による解除がある。

a．告知義務違反による解除

　告知義務者である被保険者（または契約者）が、故意または重大な過失で、重要な事実を告知しなかったり、不実の告知をしたりした場合は、告知義務違反となる。告知義務違反を保険会社が知った場合は、その契約を解除することができる。

　生命保険の約款では、一般的に、告知義務違反があった場合、責任開始日（または復活日）から2年以内であれば、保険会社から契約を解除することができると定められている。ただし、責任開始日（または復活日）から2年を経過していても、保険金や給付金の支払事由等が2年以内に発生した場合、契約を解除することがあるとされている。

　なお、保険事故発生後に解除が行われた場合、保険会社は、既に保険金等を支払っている場合にはその返還、払込みを免除している保険料があればその支払を契約者等に請求できる。ただし、保険事故の原因と告知義務違反の内容との間にまったく因果関係がないときは保険金や給付金は支払われる。

　加えて、保険法では、次のいずれかにあてはまる場合、保険会社は契約を解除するこ

とができないとされている。

- 契約締結時に保険会社が告知義務違反の事実を知り、または過失により知らなかった場合
- 保険会社に対して事実を告知することを妨げる行為（**告知妨害**）や事実を告げないように勧める行為（不告知教唆）などを生命保険募集人等が行った場合

注 当該保険募集人の行為がなかったとしても契約者または被保険者に告知義務違反が認められる場合は解除の対象となる。

- 保険会社が解除の原因を知ってから**1カ月以内**に解除しなかった場合
- 保険契約締結時から5年を超えて契約が有効に継続しているとき（約款では「保険契約締結日から5年」が「責任開始日から2年」に緩和されている（除斥期間））

　告知義務違反があると、たとえ契約できても後々保険金等が支払われない場合があるため、告知は重要である。なお、これらは契約時だけではなく、復活・復旧時、保障の中途増額時、契約転換時についても同様である。

b．重大事由による解除

　次のいずれかの事由が生じた場合は重大事由に該当するものとして、保険契約を解除することができる旨を保険法で定めている。

- 死亡保険契約において、保険契約者または保険金受取人が、保険会社に保険金を支払わせることを目的として、故意に被保険者を死亡させ、または死亡させようとしたとき
- 傷害疾病定額保険契約において、保険契約者、被保険者または保険金受取人が、保険会社に保険金を支払わせることを目的として、その保険契約の支払事由を発生させ、または発生させようとしたとき
- 保険金受取人が、その保険契約に基づく保険金の請求にあたって詐欺を行い、または行おうとしたとき
- 上記内容のほか、保険会社の保険契約者、被保険者または保険金受取人に対する信頼を損ない、その保険契約の存続を困難とする重大な事由が生じたとき

　これらの事由が生じたときから解除されたときまでに発生した保険金等の支払事由については、保険会社は保険金を支払う必要はない。したがって、既に支払った保険金等がある場合や、保険料払込免除がある場合は、一般に約款の規定により、それがなかったものとして保険会社は保険金等の返還や保険料の支払を請求できるとしている。

② 免責

　支払事由に該当しても、保険会社が保険金等を支払わないことを**免責**という。保険金を支払わない事由（免責事由）の主なものとしては、契約後の被保険者の一定期間内の自殺

や、契約者や受取人が被保険者を故意に死亡させた場合が挙げられる。また、保険会社により異なるが、戦争その他の変乱による場合等、該当被保険者数が保険の計算の基礎に重大な影響を及ぼすときは保険金の金額を削減して支払うか全額を支払わないとしている。

　保険法では、次の場合、保険会社は保険金を支払う必要はないと規定している。

- 死亡保険契約において、被保険者が自殺したとき

注 約款では保険会社ごとに1年から3年などの期間を定めている。

- 保険契約者もしくは保険金受取人が被保険者を故意に死亡させたとき

注 約款では保険金受取人が複数の場合、他の受取人に対しては残額の保険金を支払うとしていることが一般的である。

- 戦争その他の変乱によって被保険者が死亡したとき

注 約款では該当する被保険者の数により保険金の全部または一部を支払うことがあるとしていることが一般的である。

- 傷害疾病定額保険において、保険契約者、被保険者もしくは保険金受取人が故意もしくは重大な過失により支払事由を発生させたとき

③　**時効**

　保険法では、保険金受取人が保険金を請求する権利または保険契約者が保険料の返還を請求する権利もしくは保険料積立金の払戻しを請求する権利は、時効により **3年** で消滅する。保険会社が保険料を請求する権利は、時効により1年で消滅するとしている。なお、実際の取扱いはそれぞれの保険会社が当該規定を下回らない形式による約款で定めている。

実務上のポイント

- 同年齢の男女で比較すると、死亡保険では、一般的に女性より男性の保険料のほうが高くなる。生存保険では、一般的に男性より女性の保険料のほうが高くなる。
- 払済保険に変更した後の予定利率には、一般的に、変更前の契約の予定利率が引き継がれる。
- 保険法では、被保険者が同意した前提に変更が生じたとき（離婚等）、被保険者が契約者に対して契約の解除（解約）を請求できる。
- 生命保険契約では、一般的に、保険会社または保険代理店等に請求書類が到着した日の翌日（翌営業日）を起算日として、5営業日以内に保険金が支払われる（保険会社の規定により異なる）。

生命保険商品

　単体の生命保険商品は、「定期保険」、「終身保険」、「養老保険」を基本に、特徴の異なるバリエーションがある（逓減定期保険、収入保障保険等）。また、近年では、「定期保険特約付終身保険」等のように、主契約の保険商品にニーズに応じた特約を付帯していくタイプだけでなく、保障内容やパッケージに工夫を凝らした商品が販売されている。たとえば、死亡・高度障害保障に加えてあらかじめ介護保障や就業不能保障等の第三分野保険の保障を付加した組込（混合保障）型保険、契約後一定期間の保険金額を抑えることで保険料を割り引く保障額移行型保険等がある。さらに、主契約と特約の区別なく、ニーズに応じ保障見直し制度等により特約（または主契約）を柔軟に組み合わせていく組立型総合保障（パッケージ）商品や、健康増進割引・ポイント付与等をオプションで付加するパッケージ商品もある。ただし、保険としての商品性はベースとなる単体の保険商品に準ずる。

❶ 生命保険の種類と特徴

（1）定期保険

　定期保険は、ある一定の保険期間内に、死亡あるいは高度障害の保険事故が発生したときに死亡・高度障害保険金が一時金で支払われる保険であり、その内容は保険金額や保険期間等によって以下のとおり分類される。

① 保険金額

　定期保険には、保険期間が満了するまで保険金額が同額の（平準）定期保険、加入後に期間の経過とともに保険金額が逓減する逓減定期保険、逆に保険金額が逓増する逓増定期保険がある。

a．（平準）定期保険

　（平準）定期保険は、一定期間の死亡・高度障害をカバーする保険である〔図表2－14〕。保険金が同額の終身保険と比較して保険料は安くなっている。また、保険期間が

〔図表2−14〕（平準）定期保険　　〔図表2−15〕逓減定期保険　　〔図表2−16〕逓増定期保険

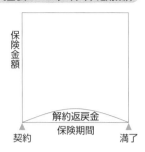
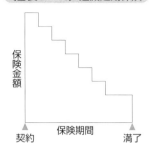
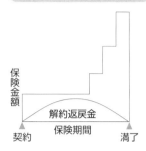

長くなると保険料は高くなる。

b．逓減定期保険

　逓減定期保険は、保険期間が経過するとともに死亡・高度障害保険金額が一定の割合で逓減していく保険である。そのため、一般に、子どもの成長とともに必要保障額が逓減していくことに対応できる保険であるが、新たに子どもが誕生するなどの必要保障額の増加には対応できない。保険料は当初の死亡保険金額が同じ平準定期保険よりも安くなる。なお、保険期間の経過に応じ保険金額は変わるが、保険料は変わらず一定である〔図表2−15〕。

c．逓増定期保険

　逓増定期保険は、保険期間が経過するとともに死亡・高度障害保険金額が逓増していく保険であり、主に法人契約の役員保険として利用されている。なお、保険期間の経過に応じ保険金額は変わるが、保険料は変わらず一定である〔図表2−16〕。逓増方法には、単純に逓増するもののほか、複利で逓増するもの、2段階で逓増するものなどがある。

② 保険期間

　保険期間については、年満期と歳満期がある。年満期の定期保険は保険期間が満了すると、健康状態に関係なく告知不要で一定の年齢まで更新できるタイプの定期保険（更新型定期保険）と更新できないタイプの定期保険（全期型定期保険）がある。歳満期の定期保険は全期型定期保険に分類される。

③ 保険料払込期間

　保険期間の全期間にわたり保険料を払い込む全期払込みと、保険期間よりも保険料を払い込む期間が短い有期（短期）払込みの定期保険がある。

④ 解約返戻金

（平準）定期保険、逓増定期保険、逓減定期保険のそれぞれで解約返戻金の特徴は異なる。

（平準）定期保険は、通常、保険期間を通じて解約返戻金は少ない。ただし、保険期間が一定以上の長期にわたる平準定期保険（長期平準定期保険）は、保険期間の経過とともに解約返戻金が積み立てられ、保険期間の後半に解約返戻金額はピークになり、その後保険期間満了までに減少して、満了時にはなくなる。一部保険会社では契約後一定期間の解約返戻金を低くした低解約返戻金型や無解約返戻金型定期保険も扱っており、保険料をある程度抑えることができるという特徴がある。

逓減定期保険は、保険期間を通じてほとんど解約返戻金がない。

逓増定期保険は、保険期間の経過とともに解約返戻金が積み立てられ、一定期間経過後にピークを迎え、その後は減少し、満了時にはなくなる。なお、解約返戻金のピークは逓増開始時期や逓増割合等により異なる。

⑤ 保険金の支払方法

原則、死亡・高度障害保険金は、一時金で支払われる。また、あらかじめ保険金が年金形式で支払われる旨を約している定期保険を**収入保障保険（生活保障保険）**という。

収入保障保険（生活保障保険）には、年満期型と歳満期型とがある。年満期型の場合は、年金回数があらかじめ決まっている（確定年金型）。歳満期型の場合は、年金の受取回数がいつ死亡するかによって変わるが、最低保証回数が定められているケースが多く、逓減定期保険と同様に、保険期間が経過すると保険金額（年金の支払総額）が減っていく〔図表2−17〕。なお、年金受取に代えて一時金受取を選択することもできるが、**一時金受取額は年金受取総額よりも少なくなる**。

生存給付金付定期保険は、保険期間中の死亡・高度障害保障があり、また、保険期間中に生存している場合、保険期間中の一定期間（たとえば2年、3年、5年、10年など）ごとに、生存給付金が支払われる保険である〔図表2−18〕。死亡保険金・高度障害保険金が支払われる際、**既に支払われた生存給付金の額が差し引かれることはない**。保険料は生存給付金のない定期保険よりも高くなる。

（2）終身保険

死亡あるいは高度障害の保険事故が発生したときに死亡・高度障害保険金が支払われる保険で、保険期間が終身となっているものを終身保険という。人の死亡時期は特定できないため、相続対策や、遺族の老後資金対策の目的で加入する場合もある。

〔図表2-17〕収入（生活）保障保険

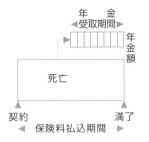

〔図表2-18〕生存給付金付定期保険

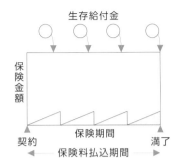

　終身保険は、保険料の多くが将来の死亡保険金支払の積立にまわされるので、加入して短期間での解約を除き解約返戻金がある。解約返戻金は、保険期間の経過とともにその金額が増加する。このため、保険金の一部または全部を解約して被保険者本人等の老後資金に充てるほか、保険料払込満了時点に死亡保障の一部または全部を年金受取や介護保障に変更することもできる（保障内容変更制度）。

　終身保険の保険料払込期間は、一定年齢で払込みが終わる有期（短期）払いと、一生涯にわたり払い込む終身払いがある。有期払いに比べて終身払いのほうが毎回の保険料は安いが、ある一定年齢まで長生きした場合、保険料総額で比較すると有期（短期）払いよりも終身払いの総額が多くなるケースもある。

　定額の終身保険には、以下のようなさまざまなタイプの商品がある。

① 低解約返戻金型

　保険料払込期間満了までは解約返戻金を少なくする（通常の終身保険の7割程度が多い）ことで保険料を安くした終身保険である。保険料払込期間満了後は解約返戻金が通常に戻る。なお、保険料が有期払いではなく終身払いの場合、一定の低解約返戻期間を設けているものや一生涯にわたり低解約返戻期間の続くものがある。

② 積立利率変動型

　金利の上昇に伴い、契約後に積立利率が高くなると、積立金が増え、保険金額や解約返戻金の金額が増加していく保険である（保険料は変動しない）。積立利率は最低保証されており、約定保険金額も基本保険金額として保証されている。また、いったん増えた死亡保険金額は、その後積立利率が下がっても減額されない（ラチェット式）のが一般的である。適用される積立利率は保険会社による所定の方法・期間により見直される。

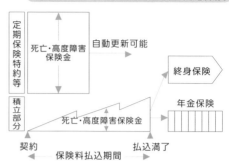

〔図表2−19〕定期保険特約付終身保険

〔図表2−20〕利率変動型積立終身保険

③　定期保険特約付終身保険

　主契約の終身保険に定期保険を特約として付保した保険が定期保険特約付終身保険である〔図表2−19〕。

　定期保険特約は一定の期間ごとに更新があり、更新するたびにその時点の年齢で保険料を計算する更新型と、主契約の保険料払込期間まで保険料が変わらない全期型がある。なお、更新型は更新期間満了時まで告知・診査は不要で、各種特約を同額の保障額で自動更新できる（主契約の保険料払込満了時以降も、前納等により一定期間は更新が可能な特約もある）。また、更新時には保険金額の減額（告知・診査は不要）など契約条件を変更することもできる。特約保険料は、加入時は全期型のほうが更新型より高いが、更新型は更新の際に、更新時の年齢・保険料率で特約保険料を計算し直すので、一般に更新の都度保険料が上がる。このため、全期型の保険期間内で支払う特約保険料の総額と、全期型と同じ保険期間内の更新型の特約保険料の総額を比べると、保険金額が同額であれば、支払保険料総額は一般的には全期型のほうが少なくなる。

④　利率変動型積立終身保険（アカウント型保険）

　保険料払込期間満了まで積立金を蓄積して、積立金をもとにその時の保険料率に応じて終身保険や年金保険に移行できる積立部分（積立保険）を主契約とした仕組みの保険で、保険料払込期間中は、定期保険特約や医療保障特約などを自由に組み合わせて契約するのが一般的である〔図表2−20〕。なお、保険料払込期間中に死亡した場合、定期保険特約等の保険金と合わせて積立部分を受け取ることができる（災害死亡の場合は、積立部分に所定の倍率を乗じた金額を受け取れる）。

　払込保険料は、一定の範囲内で自由に設定でき、それとは別に所定の範囲内で積立金の一時金への投入もできる。また、積立部分から特約保険料に振り替えることで、毎月の払

込保険料を減らしたり、払込みの中止や積立部分の引出しもでき、契約後の変化に応じて柔軟に保障の見直しや払込保険料の調整ができる仕組みになっている。

積立金の予定利率は所定の年数ごとに変動するが、一般的に最低保証利率がある。

⑤　無選択型終身保険

健康状態等に関する告知や、医師による診査の必要がない保険である。健康上の理由にかかわらず、誰でも加入できることが最大の特徴であるが、保険金が支払われる確率が高い分、通常の終身保険よりも保険料が割高となる。契約日から一定期間内に病気で死亡したときは、既払込保険料相当額が死亡保険金として支払われ、一定期間経過後は病気死亡、災害死亡ともに保険金が全額支払われる。

(3) 養老保険

一定期間の死亡・高度障害保障と満期時の満期保険金額が同額の保険で、貯蓄目的で加入する場合が多い。

①　養老保険

養老保険は、10年や20年など保険期間を決めて加入し、途中で被保険者が死亡・高度障害状態になったときは死亡・高度障害保険金が、また満期まで生存したときは死亡・高度障害保険金と同額の満期保険金が支払われる保険である（死亡・高度障害、満期保険金はいずれも同額だが、そのいずれかが支払われると契約は消滅）。保障機能と貯蓄機能を兼ねているため、被保険者の性別・年齢、保険金額、保険期間等の条件が同じ場合、保険料は定期保険に比べて高くなっている。

②　定期保険特約付養老保険

主契約の養老保険に定期保険特約を付保したのが定期保険特約付養老保険である。保険期間中は高額の死亡・高度障害保障が得られ、保険期間満了時には満期保険金が支払われる〔図表2－21〕。

〔図表2－21〕定期保険特約付養老保険

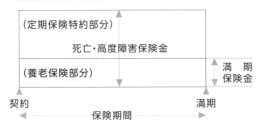

(4) こども保険（学資保険）

　こども保険（学資保険）は、子どもの教育・結婚・独立資金の準備を目的にした保険である〔図表2-22〕。保険会社によっては、子どもが生まれる前に契約できるものもある。

　15歳、18歳（17歳）、20歳、22歳などの満期までに、被保険者である子どもが生存している場合に満期保険金が支払われる。幼稚園、小学校、中学校、高校、大学などの入学時に合わせて、生存給付金（入学祝金）が支払われるタイプもある。子どもが死亡すると、一般的に既払保険料相当額の死亡給付金が支払われ、契約は消滅する。

　契約者が、死亡または高度障害状態などになったときには保険料払込免除となり、承継契約者が契約を引き継ぎ、生存給付金や満期保険金は契約どおり支払われる。

　育英年金や養育年金と呼ばれる遺族年金が支払われる特約をセットできるものもあり、契約者死亡後は、保険期間の満了まで年金受取人に年金が支払われる。

　通常の生命保険では健康状態等を問われるのは被保険者だけであるが、こども保険の場合は契約者の健康状況等も確認する。

(5) 貯蓄保険

　3年または5年などの比較的短い保険期間で、満期保険金を受け取ることを目的として積み立てる保険である〔図表2-23〕。

　保険期間の途中で被保険者が不慮の事故により死亡した場合は災害死亡保険金が、疾病により死亡した場合は払込保険料に応じた死亡給付金が支払われる。

(6) 変額保険

　変額保険は加入後の運用によって保険金額が変動する保険である〔図表2-24〕。定額保険は一般勘定だが、変額保険は特別勘定で、定額保険とは区分して運用される。

〔図表2-22〕こども保険（学資保険）

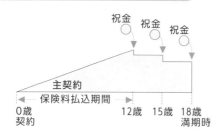

〔図表2-23〕貯蓄保険

〔図表2－24〕変額保険

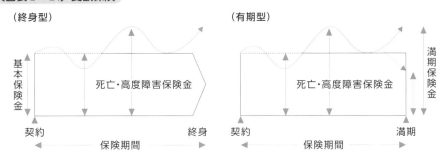

変額保険の保険期間は、一般的に、一定期間の保障と満期保険金がある有期型と一生涯の保障がある終身型の2つのタイプがある。

変額保険は、運用の成果が契約者に直接帰属する保険で、運用がうまくいくと多くの保険金額や解約返戻金が支払われる一方、運用がうまくいかない場合は満期保険金や解約返戻金が払込保険料総額を大幅に下回ることもある投資性商品である。ただし、被保険者が死亡または高度障害となる保険事故が起きたときは、**基本保険金額**が**最低保証される**。

なお、運用実績に応じ、解約返戻金は毎日見直されるが、保険金額については、毎月あるいは毎日見直す仕組みのものがある。

❷ 個人年金保険の種類と特徴

個人年金保険は、生存を条件（保険事故）として支払われる保険で、老後の生活資金を準備するための保険である。保険料払込期間に積み立ててきた責任準備金と積立配当金からなる年金原資を元に、年金受取開始期から、所定の年金額を年金受取期間に受け取る。

(1) 受取期間による分類

年金受取開始期から一定期間内に被保険者が生存している限り年金が支払われるものを**有期年金保険**、終身にわたって年金が支払われるものを**終身年金保険**という。有期年金保険も終身年金保険も被保険者が死亡したらそれ以降の年金は受け取れない。

これらの有期年金保険、終身年金保険に対し、年金受取開始期以降、死亡しても一定期間は年金が支払われるように保証期間を定めている年金が、**保証期間付有期年金保険**、保

〔図表2－25〕個人年金保険の種類

	有期年金	確定年金	終身年金	保証期間付終身年金
年金支払開始後の年金受取期間	10、15年など	5、10、15年や80歳までなど	終身	終身
年金受給のための被保険者の条件（保険事故）	10、15年など一定期間内に生きているとき	5、10、15年や80歳までなど一定期間、生死に関係なく	生きているとき	保証期間内は生死に関係なく、保証期間経過後は生きているとき
年金受取期間中に被保険者が死亡したとき	死亡後は年金も、そのほかの給付もない。なお、保証期間付有期年金の場合、保証期間内に死亡したときは、保証期間満了までは年金が支払われる。	引き続き年金が支払われる（残存期間の年金原資を一括して受け取ることもできる）。	死亡後は年金も、そのほかの給付もない。	保証期間内に死亡したときは、保証期間満了まで年金が支払われる。保証期間経過後に死亡したときは年金も、そのほかの給付もない。

証期間付終身年金保険であり、契約時に定めた年金支払期間中は被保険者の生死にかかわらず全期間年金が支払われるものを確定年金という〔図表2－25〕。

（2）定額（個人）年金保険

定額（個人）年金保険の基本的な仕組みは以下のとおりである。

① 責任準備金を財源に支払う年金を基本年金（契約年金）という。この基本年金は契約時にあらかじめ定めた年金額で、基本年金額が一定のものを定額型、毎年あるいは数年ごとに一定割合で増加するものを逓増型という。逓増型は物価上昇による年金額の目減りを補う効果がある。年金支払開始時の年金額が同じである場合、定額型より逓増型のほうが保険料は高くなる。一方、保険料払込期間の積立配当金を財源に支払う年金を増額年金、年金支払開始後の配当金を財源とする年金を増加年金という〔図表2－26〕。

② 保険料は、保険料払込期間に、月払い、半年払い（年2回払い）、年払い（年1回払い）で払い込む。終身年金の場合、契約内容が同一であれば、保険料は男性より女性のほうが高くなる。

③ 保険料の払込満了から年金受取開始までの据置期間がある場合は、長いほうが受け取

〔図表 2 −26〕定額年金保険

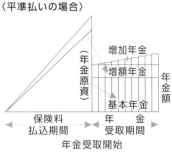

（10年確定年金保険）
〈平準払いの場合〉

〔図表 2 −27〕変額年金保険

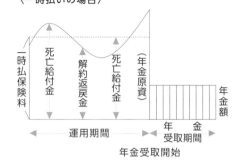

（10年確定年金保険）
〈一時払いの場合〉

る年金額が**多くなる**。

④　年金受取開始前に被保険者が死亡したときは、**既払込保険料相当額の死亡給付金が支払われる**。

(3) 変額（個人）年金保険

　変額（個人）年金保険は、積立金を特別勘定で積極的に運用し、運用実績により将来受け取る年金額や解約返戻金額が変動するもので、投資リスクは契約者が負う。その運用実績を原則、毎日、積立金に反映する仕組みとなっている。

　変額（個人）年金保険の基本的な仕組みは以下のとおりである〔図表 2 −27〕。

①　特別勘定が複数ある場合、いずれで運用するかは契約者が自分で選択でき、途中で積立金を他の特別勘定に移転（スイッチング）することもできる。したがって、運用実績により解約返戻金、年金原資、死亡給付金が変動する。死亡給付金は**基本保険金額が最低保証されている**。また、年金原資や年金受取総額に最低保証が付いているものもある。

②　保険料の支払は一時払いがほとんどだが、月払い、半年払い（年 2 回払い）、年払い（年 1 回払い）もあり、これらの平準払いであればドルコスト平均法により時間的分散の成果を期待できる。一時払いの場合、ポートフォリオの組み方にリスク分散を考慮する必要がある。

③　運用時は手数料として運用・保険関係費用がかかる。

④　運用期間中・保険料払込期間中（年金支払開始前）に被保険者が死亡したときは、死亡日の積立金額（時価）または払込保険料総額（最低保証額）のいずれか大きい金額を

死亡給付金として支払うものが一般的である。運用期間中・保険料払込期間中（年金支払開始前）に一定の障害状態になったときは保険料払込免除が適用されるものもある。

⑤ 解約すると、運用実績によって、解約返戻金が払込保険料より多くまたは少なくなることがある。また、投資信託のクローズド期間に相当するものはないが、契約後、長期間にわたりペナルティとして解約手数料が課せられる。解約返戻金の一定割合内であれば融資が受けられる契約者貸付制度があるものが多い。

⑥ 年金支払開始時までは特別勘定で運用され、年金受取期間は一般勘定で運用する定額年金保険に変更するのが一般的であるが、年金受取期間中も特別勘定で運用するものもある。また、年金は保証期間付終身年金、確定年金などで受け取ることもできる。

⑦ 保険料払込時は一般の生命保険料控除の対象（**個人年金保険料控除の対象**にはならない）、運用時は課税されずに運用益課税の繰延べの対象になる。

(4) その他の個人年金保険

低金利を背景に、個人年金保険においても外貨建ての保険や市場価格調整（MVA）機能付きの商品が多くなっている（第5章参照）。

また、最近では、生存保障を重視してトンチン性を高めた長寿生存年金保険が登場している。この保険は、死亡保障や中途解約時の解約返戻金を低くする代わりに、生存保障を重視することで長生きするほど受取総額が多くなる保険である。この保険の場合、被保険者が**年金支払開始前に死亡**すると、一般的に、死亡に係る一時金の額が**既払込保険料相当額を下回る**。

❸ 特約の種類と内容

主契約に付加する特約は多種多様で、保障内容や給付条件も保険会社によって異なる。また、付加できる保険金額や給付金額は、最低取扱金額や主契約の保険金額によって制約を受けることがあり、特約付加の可否も含めて保険会社ごとに取扱いが異なる。

主な生命保険分野の特約の種類と内容をまとめると、〔図表2-28〕のとおりである（入院等に係る特約は第4章参照）。特約の保険期間が満了すると、健康状態に関係なく告知不要で、原則として、それまでと同じ保障内容、保険金額で更新することができるタイプが一般的である。この場合、契約者の申出がなければ自動更新となるので、更新を希望しない場合や保険金額の減額など契約条件を変更して更新する場合は申し出る必要がある。

更新後の保険料は、更新時の年齢、保険料率によって保険料が再計算されるので、保険料は通常高くなる。なお、更新できる期間・年齢は保険会社によって異なる。

また、最近では、主契約がなく、各種特約を自由に組み合わせて設計する特約組立型保険が登場している。この商品は、保障の重複を防ぎ、必要な保障のみを1つの契約で管理できる利点がある。

❹ 団体保険、財形制度

団体保険は、基本的に法人等を契約者、特定の共通な性格を持つ人的集団に所属する者を一括して被保険者とし、死亡、高度障害などの保険事故が生じたときに保険金が支払われる単一の保険契約のことをいう。

団体保険は、団体生命保険、団体年金保険、団体医療保険などに分類できる。また、いわゆる福利厚生保険も形態としては団体保険の一種とみることができる。

これら団体保険は、財形制度と併せて、役員・従業員のための企業保障制度と位置づけられる。

(1) 総合福祉団体定期保険

総合福祉団体定期保険は、死亡退職金規程、弔慰金規程、通勤途上災害補償規程、法定外労働災害補償規程などによる役員や従業員、その遺族の保障の財源を確保するものである。第Ⅰ種～第Ⅳ種に団体区分され、保険金の上限や最低被保険者数が異なっている。

総合福祉団体定期保険は、主契約部分の団体定期保険に、ニーズに応じてヒューマン・ヴァリュー特約や災害総合保障特約を付加することができる保険期間1年更新の掛捨型定期保険である。締結に際しては、被保険者になることについての加入予定者の同意および保険約款に基づく告知が必要である。保険料は企業が負担し、その全額を損金の額に算入できる。

主契約の団体定期保険では、死亡または高度障害の保険事故が発生したときに被保険者である役員・従業員の遺族に保険金が支払われるのが一般的であるが、被保険者の同意を得て法人を受取人とすることもできる。法人が受取人である場合、保険金の請求手続をするときに、被保険者の遺族または被保険者がその請求の内容について了知している必要がある。

ヒューマン・ヴァリュー特約は、役員・従業員の死亡または高度障害による法人の経済

〔図表2−28〕 主な生命保険分野の特約の種類と内容

特約の種類		特約の内容
死亡保障を増やす	定期保険特約	保険期間中に死亡・高度障害の保険事故が発生した場合に死亡・高度障害保険金が受け取れる。（平準）定期保険タイプ、逓減定期保険タイプ、逓増定期保険タイプがある。
	収入保障特約 （生活保障特約）	死亡・高度障害の保険事故が発生した場合に契約時に定めた満期まで死亡・高度障害保険金が年金形式で受け取れる。年満期と歳満期がある。年満期は年金回数があらかじめ決まっている。歳満期はいつ死亡するかによって年金の受取回数が変わる。そのために最低保証回数が定められているものが多い。保険期間の経過とともに保険金の額（年金受取総額）が減っていくため、保険料は定期保険特約に比べて割安になっている。
	生存給付金付定期保険特約	保険期間中に死亡・高度障害の保険事故が発生した場合は死亡・高度障害保険金が、生存していると一定期間経過するごとに生存給付金が受け取れる。
	特定疾病保障特約	がん、急性心筋梗塞、脳卒中に罹患して所定の状態になったとき、特定疾病保険金を受け取れる。その時点で、この特約は消滅する。特定疾病の保険事故が発生しないで、死亡・高度障害になったときは、特定疾病保険金と同額の死亡・高度障害保険金が受け取れる。最近は死亡・高度障害保険金がないタイプもある。
介護保障特約		所定の介護状態になったとき、介護保険金を受け取れる。介護保険金は一時金で受け取るタイプ、年金で受け取るタイプがある。 所定の介護状態にならずに死亡・高度障害になったときは、死亡・高度障害保険金が受け取れるタイプと保険金が受け取れないタイプがある。
不慮の事故に備える	災害割増特約	不慮の事故で180日以内に死亡・高度障害になったとき、または所定の感染症で死亡・高度障害になったとき、災害死亡保険金・災害高度障害保険金が受け取れる。
	傷害特約	不慮の事故または所定の感染症で死亡したときは災害死亡保険金が、不慮の事故で所定の障害状態になったときは、障害の程度に応じて所定の障害給付金が受け取れる。
	特定損傷特約	不慮の事故で180日以内に骨折、関節脱臼または腱の断裂に対する治療を受けたとき、特定損傷給付金が支払われる。
障害給付	重度障害保障特約 疾病障害特約 重度慢性疾患保障特約など	身体に「所定の症状・状態」の保険事故が発生したときに、一時金が給付される。その時点で、この特約は消滅する。病気・ケガによるタイプ、病気のみによるタイプ、特定の病気によるタイプがある。死亡・高度障害保険金があるタイプ、死亡・高度障害保険金がないタイプがある。
リビング・ニーズ特約		原因にかかわらず余命6カ月以内と診断された場合に、死亡保険金の一部または全部を生前に受け取れる。特約保険料は必要ない。

的損失を保障するためのもので、特約保険金は**法人に支払われる**。特約保険金額は主契約の保険金額までであり、かつ、2,000万円が上限とされている。

災害総合保障特約は、交通事故などの不慮の事故の障害・入院給付金を支払うもので、給付金は原則として**被保険者が受け取る**が、**被保険者の同意**があれば、法人を受取人とすることも可能である。法人が受取人の場合、受け取った給付金を、見舞金規定に基づいて**役員・従業員**に支払う。

加入に際しては、一般的に医師の診査は不要で、告知書扱い（保険約款に基づく簡易な告知が必要）で加入できる。また、ヒューマン・ヴァリュー特約を付加する場合は、被保険者になる者の署名・押印のある個々の同意書が必要である。

なお、この保険では団体定期保険固有の保険料率である平均保険料率が適用される。平均保険料率は、性別、年齢別の保険料率に基づいて被保険者ごとに計算した基準保険料の合計額から、被保険者の数に応じた保険料割引額を控除した金額を、保険金額の総額で除した保険金額1万円当たりの保険料のことをいう。

（2）団体定期保険（Bグループ保険）

団体定期保険（Bグループ保険）は、法人や団体が契約者となり、役員・従業員または所属員を被保険者、死亡・高度障害保険金の受取人を役員・従業員の遺族とする保険期間1年の平準定期保険で、企業の福利厚生制度の1つである。保険契約については、複数の生命保険会社が分担して引き受けることが多い（うち1社が事務幹事会社となる）。

役員・従業員または所属員の加入は任意であり、加入者が保険料を負担する点が、総合福祉団体定期保険との相違点である。一般的に告知書扱いで加入することができ、医師の診査は不要である。保険料は加入する団体ごとに決められ、被保険者の年齢を問わず同一の保険料である「平均保険料率」、一定の年齢ごとに保険料を設定する「年齢群団別保険料率」がある。一般的に保険料は毎月の給与からの天引き、または口座引き落としの方法で支払う。加入者本人の加入を条件に、戸籍上の配偶者や子どもも加入できる団体もある。

団体ごとの保険年度で収支（保険料収入、保険金の支払など）を計算し、剰余金が生じた場合には、加入者に「配当金（割戻金）」が支払われる（配当金（割戻金）は毎年変動し、0となる場合もある）。

加入後は、1年ごとに自動的に更新される。増額する場合は一般的に告知書扱いで、診査は不要である。役員・従業員が退職したときの取扱いは、継続が不可のケースや、一定年齢まで一定の保険金で継続できるケースなど、団体ごとに異なる。

(3) 団体信用生命保険

　団体信用生命保険は、住宅ローンなどに関連する生命保険で、ローンの返済中に死亡・高度障害状態になったときに、残債を完済することを目的とする保険である。

　保険契約者および保険金受取人は債権者である信用供与機関（金融機関等）、被保険者は債務者であり、保険金額は債務残高に応じて逓減する。保険料は被保険者の契約時の年齢や性別に関係なく、債務残高に応じて算出される。

　所定金利を上乗せしたり、別途保険料を負担してがん診断給付保障、三大（または八大）疾病保障、介護保障、債務返済支援補償などを付帯し、死亡・高度障害状態以外でも、所定の病気と診断された際などに残債の一部または全部を相殺できるタイプの団体信用生命保険も存在する。

　なお、団体信用生命保険はクーリング・オフの対象とはならない。

　また、団体信用生命保険にかかる税務は以下のとおりである。

① 　債務者が特約料（保険料）を負担する場合でも、受取人が債権者であるため、特約部分を含め生命保険料控除の対象にはならない。

② 　住宅ローン等は、債務者の死亡後は保険金により弁済されるため、相続税の債務控除の対象にはならない。

③ 　支払われた死亡保険金は、受取人が相続人ではないため、相続税の課税対象にはならない。

(4) 生命保険の財形制度

　生命保険の財形貯蓄商品には、一般財形である財形貯蓄積立保険、住宅財形である財形住宅貯蓄積立保険、年金財形である財形年金積立保険がある〔図表2－29〕。

　生保の財形貯蓄商品では、保険期間中に被保険者が不慮の事故などにより死亡、または高度障害の保険事故が起こった場合は、払込保険料累計額の5倍相当額の災害死亡保険金が積立配当金とともに支払われる。

　なお、財形貯蓄保険は、保険契約者保護機構による補償の対象になるが、支払った保険料は生命保険料控除の対象にはならず、契約者貸付や（自動）振替貸付も利用できない。

① 財形貯蓄積立保険（一般財形）

　財形貯蓄積立保険は住宅や年金などの目的を限定しない貯蓄目的の積立商品であり、払込保険料累計限度額3,000万円まで利用できる。

　支払保険料累計と解約時受取金相当額の差額（差益）は、20.315％の源泉分離課税とな

〔図表2－29〕生命保険の財形貯蓄商品

	財形貯蓄積立保険	財形住宅貯蓄積立保険	財形年金積立保険
加入資格	勤労者	勤労者（ただし55歳未満）	勤労者（ただし55歳未満）
資金使途	使途自由	住宅の取得・増改築	老後の年金資金
加入制限	複数契約でも可	1人1契約	1人1契約
積立期間	3年以上	5年以上	5年以上
積立方法	給与天引き	給与天引き	給与天引き
払出し	いつでもできる	資金使途に合わせて	60歳から 5年以上の年金で
税金の特典 （保険型の非課税限度額）	なし	（財形年金と合算して）払込保険料累計額が550万円までの利子相当分が非課税	払込保険料累計額385万円までの利子相当分が非課税（財形住宅貯蓄と合算して同550万円まで非課税）受け取る年金も非課税
税金	源泉分離（20.315%）	払込保険料が申告限度内は非課税（目的外払出しは課税扱い）(※)	払込保険料が申告限度内は非課税（目的外払出しは課税扱い）(※)

(※) 災害疾病・寡婦（夫）・障害・失業の状態となり、一定の要件を満たした場合、特例により非課税で目的外払出しが可能となる。

るが、途中引出しや中途解約、保険料の支払額、保険期間の変更などが自由にできる。

② 財形住宅貯蓄積立保険（住宅財形）

財形住宅貯蓄積立保険は、住宅の取得や増改築の資金とすることを条件に、差益に対して非課税での積立を認める制度である。保険期間は5年以上15年以内だが、住宅の取得・増改築などで全額払出しが行われるまで最長40年まで1年単位で自動延長される。

法令に定める住宅の取得または増改築などを行う場合は生存給付金（積立金）の引出しができる（加入後5年以内でも可能）。

住宅取得等の目的以外の払出しの場合は要件違反として全部解約となり、積立当初からの利息全体に対して20.315%の源泉分離課税となる。

③ 財形年金積立保険（年金財形）

財形年金積立保険は、将来、積立金を年金として受け取ることを条件に、差益に対して非課税で積立てができる制度である。年金受取開始後に受け取る年金も非課税となる。

財形年金積立保険の受取方法は会社によって、10年保証期間付終身年金や確定年金のほか、逓増型や前厚型のものもある。保険料払込期間、据置期間中に中途解約した場合は、差益は原則として一時所得として課税される。

　年金の目的以外の払出しの場合は全部解約となり、積立当初からの利息全体が一時所得として課税される。

❺ 共済

　生命保険が不特定多数の顧客を対象とし、大数の法則が成り立つ程度の多数の契約者が必要であるのに対し、共済は原則として一定の職域や地域内に加入対象が限定される。

　なお、2005年の保険業法等の一部改正により、既存の共済（無認可共済）が保険業法の適用を受ける少額短期保険へ移行されたが、これに含まれない少人数共済や制度共済等は、現在でも保険業法の適用対象外である。制度共済にはJA共済、こくみん共済coop（全労済）、都道府県民共済、コープ共済等があり、各々の監督官庁のもと根拠法が存在する。商品により事業年度の終了時点で剰余金が発生した場合に割戻金が返還されるものもある〔図表2−30〕。

〔図表2−30〕主な共済の特徴

	JA共済	こくみん共済coop（全労済）	コープ共済	都道府県民共済
母体	全国共済農業協同組合連合会	全国労働者共済生活協同組合連合会	日本コープ共済生活協同組合連合会	全国生活協同組合連合会
根拠法	農業協同組合法	消費生活協同組合法		
監督官庁	農林水産省	厚生労働省		
組合員	原則、JA組合員[※]	出資金1,000円以上で組合員になれる（出資金の払込方法が月払いの場合は毎月100円以上）	コープ共済取扱生協の組合員	200円程度の出資金で組合員になれる
共済商品の分野	生命保険分野類似商品、損害保険分野類似商品、第三分野保険類似商品がある			
掛金	一部商品で年齢や性別により掛金が異なる			掛金は保障（補償）内容に応じて一律

（※）出資金を支払うことで「准組合員」として組合員同様に利用できる。また、出資金を支払わなくても「員外利用」として、JAごとに組合員の利用高の2割まで利用できる。なお、出資金の額や「員外利用」については、各JAによって異なる。

実務上のポイント

- 一時払変額個人年金保険は、保険料払込時は一般の生命保険料控除の対象となり、運用時は課税されずに運用益課税の繰延べの対象になる。
- トンチン性を高めた個人年金保険は、被保険者が年金支払開始前に死亡した場合、一般的に、死亡に係る一時金の額が払込保険料総額を下回る。
- 総合福祉団体定期保険は、保険期間1年更新の掛捨型定期保険である。
- 総合福祉団体定期保険の契約の締結にあたっては、被保険者になることについての加入予定者の同意および保険約款に基づく告知が必要である。
- 総合福祉団体定期保険のヒューマン・ヴァリュー特約は、従業員の死亡等による法人の経済的損失に備えるものであり、その特約保険金は法人に支払われる。
- 団体信用生命保険は、契約者および保険金受取人を債権者（金融機関等）、被保険者を債務者（住宅ローン利用者等）とする生命保険である。
- 団体信用生命保険の保険料は、被保険者の債務残高に応じて算出される。
- 団体信用生命保険の保険料は、住宅ローン利用者が負担する場合でも、生命保険料控除の対象にはならない。また、支払われる死亡保険金は、相続税の課税対象にはならない。

第 **3** 節

生命保険と税金

❶ 生命保険料控除

　生命保険料を支払った場合は、所得控除として生命保険料控除の適用を受けることができ、所得税と住民税が軽減される。生命保険料控除には一般の生命保険料控除と個人年金保険料控除および介護医療保険料控除の３つがある。

(1) 一般の生命保険料控除の対象

　一般の生命保険料控除の対象となるのは、次の要件を満たす契約である。

① 　保険金受取人が納税者本人およびその配偶者、その他の親族（６親等以内の血族および３親等以内の姻族）であること。

② 　生命保険契約、旧簡易生命保険契約または農協などの生命共済契約などであること。契約が生命保険会社のものであるか損害保険会社のものであるかは問わない。また、確定給付企業年金に係る規約も対象となる。なお、財形貯蓄保険、保険期間が５年未満の貯蓄保険、団体信用生命保険、少額短期保険などは対象とならない。

(2) 個人年金保険料控除の対象

　個人年金保険料控除の対象となるのは、次の要件を満たし、個人年金保険料税制適格特約が付加された個人年金保険である。

① 　年金受取人は、保険契約者またはその配偶者で、被保険者と同一人であること。

② 　保険料または掛金の払込期間が10年以上で、定期的に支払われること（前納は対象となるが、一時払いは対象とならない）。

③ 　年金の種類（支払方法）が確定年金、有期年金であるときは、年金受取開始日の被保険者の年齢が60歳以上で、かつ、年金受取期間が10年以上にわたって定期的に支払われるものであること（終身年金の場合はこの年齢の要件はない）。

　これらの要件を満たさない一時払個人年金保険や個人年金保険料税制適格特約を付加しない契約、変額個人年金保険に係る保険料は個人年金保険料控除の対象とならず、一般の生命保険料控除の対象となる。

　また、個人年金保険料税制適格特約を付加した契約は、契約日から10年以内に払済個人年金保険に変更することはできない。

(3) 介護医療保険料控除の対象

　介護医療保険料控除の対象となる契約は、保険金などの受取人のすべてを自己または自己の配偶者、その他の親族とする介護医療保険契約等である。この場合の介護医療保険契約は、2012年1月1日以後に生命保険会社等または損害保険会社等と締結した新契約（他の保険契約に付帯して締結した契約を含む）のうち、支払事由に基因して保険金等が支払われるものをいう。なお、対象となる保険（特約）、対象とならない保険（特約）は以下のとおりである。

●対象となる保険（特約）
医療保険、がん保険、就業不能保険・所得補償保険、介護保険など
●対象とならない保険（特約）
新契約において生命保険料控除の対象とならないもの
一般の生命保険料控除の対象となるもの（生前保険金額と死亡保険金額が同額となる特定疾病保険・介護保険等）

　また、死亡保障と介護・医療保障を兼ねた組込（混合保障）型保険については、次のいずれかの条件を満たす場合などに「介護医療保険料控除」の対象となる。

- 死亡保険金等の額が入院給付日額の100倍に相当する額等を限度とする場合
- 死亡保険金等の額が「保険料積立金の額」または「契約者等が既に支払った保険料の累計額」のいずれか大きい額を限度とする場合
- 死亡保険金等の額ががんに罹患したことまたは常時の介護を要する身体の状態になったことに基因して支払われる保険金または給付金の額の5分の1に相当する額を限度とする場合

　なお、上記の条件を満たさない特定疾病保障保険や、介護保険金と同額の死亡保障を備える介護保障保険等は、他の要件を満たせば一般の生命保険料控除の対象となる。

　また、2011年12月31日以前に締結した医療保険契約を2012年1月1日以後に更新した場合も、更新後の保険料は介護医療保険料控除の対象となる。

〔図表2−31〕生命保険料控除（新制度）

●所得税（2012年1月1日以後に締結した保険契約に適用）

支払保険料等の区分	年間正味払込保険料	控除される金額
①一般の生命保険料だけの場合	2万円以下	年間正味払込保険料の全額
	2万円超4万円以下	年間正味払込保険料×$\frac{1}{2}$＋1万円
	4万円超8万円以下	年間正味払込保険料×$\frac{1}{4}$＋2万円
	8万円超	一律4万円
②個人年金保険料だけの場合	上記①と同様の方法により求めた金額	
③介護医療保険料だけの場合	上記①と同様の方法により求めた金額	
④上記①〜③がある場合	上記①〜③の合計額（最大控除額12万円）	

●住民税（2012年1月1日以後に締結した保険契約に適用）

支払保険料等の区分	年間正味払込保険料	控除される金額
①一般の生命保険料だけの場合	1万2,000円以下	年間正味払込保険料の全額
	1万2,000円超3万2,000円以下	年間正味払込保険料×$\frac{1}{2}$＋6,000円
	3万2,000円超5万6,000円以下	年間正味払込保険料×$\frac{1}{4}$＋1万4,000円
	5万6,000円超	一律2万8,000円
②個人年金保険料だけの場合	上記①と同様の方法により求めた金額	
③介護医療保険料だけの場合	上記①と同様の方法により求めた金額	
④上記①〜③がある場合	上記①〜③の合計額（最大控除額7万円）	

（4）控除額

　それぞれの控除額の上限は、所得税で各4万円、住民税で各2万8,000円、控除額の上限は3控除を合わせて所得税で12万円、住民税で7万円となる。なお、各保険料の控除額の計算は〔図表2−31〕のとおりとなり、生命保険契約等の主契約または特約の保障内容に応じて、その契約に係る保険料等を各保険料控除に適用する。

〔図表2－32〕生命保険料控除（旧制度）

●所得税（2011年12月31日以前に締結した保険契約に適用）

年間正味払込保険料	控除される金額
2万5,000円以下	年間正味払込保険料の全額
2万5,000円超5万円以下	年間正味払込保険料×$\frac{1}{2}$＋1万2,500円
5万円超10万円以下	年間正味払込保険料×$\frac{1}{4}$＋2万5,000円
10万円超	一律5万円

（※）一般の生命保険料控除、個人年金保険料控除共通であり、それぞれについて上記の額の控除が適用される。

●住民税（2011年12月31日以前に締結した保険契約に適用）

年間正味払込保険料	控除される金額
1万5,000円以下	年間正味払込保険料の全額
1万5,000円超4万円以下	年間正味払込保険料×$\frac{1}{2}$＋7,500円
4万円超7万円以下	年間正味払込保険料×$\frac{1}{4}$＋1万7,500円
7万円超	一律3万5,000円

（※）一般の生命保険料控除、個人年金保険料控除共通であり、それぞれについて上記の額の控除が適用される。

　また、新制度については、2012年1月1日以後に締結した生命保険契約等について適用し、同日前に締結した生命保険契約等については旧制度（「一般の生命保険料控除」と「個人年金保険料控除」の2本建てで控除額はそれぞれ〔図表2－32〕のとおり）が適用される。

　旧制度と新制度ともに控除の適用がある場合については、次のとおりである。

① 旧制度に該当する主契約や特約を見直す（更新、契約転換、特約付加等）場合、当該変更月以降は、主契約を含めた契約全体が新制度の対象となる（変更月の前の月までは旧制度の対象）。

② 保険の一部を転換した場合、転換後契約は新制度の対象だが、存続している元の契約は旧制度の対象になる。

③ リビング・ニーズ特約、指定代理請求特約など保障がない特約や、新制度に該当する契約に付加する災害割増特約、傷害特約など身体の傷害のみに基因して保険金が支払われる特約は、生命保険料控除の対象とならず、中途付加をしても新制度の対象にはならない。

④ 契約者・受取人の名義変更、保険金額の減額等の契約内容を変更しても新制度の対象

にはならない。

⑤ 新旧両制度に該当する保険料を合わせて控除額を適用する場合、新旧各々の制度の計算方法で算出した額を合算し、各控除限度額は所得税で上限 4 万〜 5 万円、住民税で上限 2 万8,000〜 3 万5,000円となる。ただし、旧制度のみを適用し、旧制度の控除限度額（所得税で上限 5 万円、住民税で上限 3 万5,000円）を選択することもできる。

⑥ 新旧制度通算での、各種生命保険料控除を合算しての控除限度額は、所得税で上限12万円、住民税で上限 7 万円となる。

※旧制度の年間支払保険料等の金額に応じて上限額が異なる。

- 旧制度の年間支払保険料等が 6 万円以下の場合
  原則通り、新旧両制度の計算方法で算出した額の合算額
  （所得税で上限 4 万円、住民税で上限 2 万8,000円）
- 旧制度の年間支払保険料等が 6 万円を超える場合
  旧制度の計算方法で算出した額
  （所得税で上限 5 万円、住民税で上限 3 万5,000円）

(5) 年間正味払込保険料

控除額の基礎となる年間正味払込保険料については、次のとおりである。

① 積立配当、相殺配当の場合は、表定保険料から契約者配当金を差し引いた金額が正味払込保険料となる。保険金買増しなど、契約者配当金の引出しができない契約は表定保険料が生命保険料控除の対象となる（配当の引出しができない個人年金保険料控除も同様）。

② 未払保険料は生命保険料控除の対象とはならない。自動振替貸付により保険料の払込みに充当した金額は、充当した年の生命保険料控除の対象となる。

③ 前納保険料は、次の算式により計算した金額が、生命保険料控除の対象となる。

生命保険料控除の対象となる前納保険料

$$前納保険料 \times \frac{その年中に到来する払込期日の回数}{前納した払込期日の総回数}$$

④ 一時払保険料は、その保険料を支払った年に全額が生命保険料控除の対象となる。

⑤ 法人契約において、法人が支払った保険料のうち役員または使用人の給与として課税されたものは、その役員または使用人が支払った保険料とみなされるため、その役員または使用人の生命保険料控除の対象となる。

⑥ 契約者配当金が表定保険料を上回るため表定保険料から控除しきれないときは、その控除しきれない金額は別の契約の生命保険料から差し引く。その際、一般の生命保険料・個人年金保険料・介護医療保険料の支払保険料の区分が同じ保険料から差し引き、他の区分の保険料からは差し引くことができない。

2 受取保険金、解約返戻金、給付金と税金

(1) 死亡保険金を受け取った場合

個人が死亡保険金を受け取った場合の課税は、契約者（保険料負担者）、被保険者と受取人との関係により、〔図表2−33〕のとおりとなる。

① 相続税

相続人が取得した保険金は相続税の課税対象になるが、法定相続人の数に応じて一定額の非課税金額がある。非課税限度額は「500万円×法定相続人の数」であり、各人の非課税金額は以下のとおりとなる。なお、相続人以外が取得する保険金や、相続放棄した者が取得する保険金には、非課税金額の適用はない。

〔図表2−33〕死亡保険金を受け取ったときに課される税金

契約者 (※)	被保険者	受取人	課される税金	備考
A	A	Aの相続人	相続税	相続税の非課税の適用がある
A	A	Aの相続人以外	相続税（遺贈）	相続税が課されるが、非課税の適用はない
A	B	A	所得税・住民税 （一時所得）	一時所得金額は保険金から必要経費である正味払込保険料総額を差し引き特別控除額（最高50万円）を控除した差額。この差額に $\frac{1}{2}$ を乗じた金額が課税対象となる
A	B	C	贈与税	保険金と合わせて受けとる積立配当金も贈与税の課税対象となる

（※）契約者＝保険料負担者

各人の非課税金額

① 相続人が取得した保険金の合計額が「500万円×法定相続人の数」以下の場合
　　各相続人が受け取った保険金額

② 相続人が取得した保険金の合計額が「500万円×法定相続人の数」を超える場合

$$（500万円×法定相続人の数）×\frac{その相続人が取得した保険金}{各相続人が取得した保険金の合計額^{※}}$$
　　※相続人のうち非課税金額が適用される者の保険金だけを合計した額

　前述の計算における法定相続人の数は、相続放棄があった場合、その放棄がなかったものとして数える。また、被相続人に養子がある場合、法定相続人の数に算入できる養子の数は、実子がいるときは1人、実子がなく養子が2人以上のときは2人とする。

② 所得税・住民税（一時所得）

　一時所得として所得税・住民税が課税される場合は、その年中にほかに一時所得がない場合は、以下の算式により課税対象となる金額を計算する。

一時所得の金額

一時所得の金額＝（死亡保険金−正味払込保険料総額$^{（※）}$）−特別控除額（最高50万円）

総所得金額に算入する所得金額＝一時所得の金額×$\frac{1}{2}$

（※）正味払込保険料総額＝表定保険料払込総額−契約者配当金の合計額
　　なお、この算式で控除する配当金の額は、保険金等の受取前に受け取ったものに限る。保険金とともに支払われる配当金は、保険金の額に含める。

③ 贈与税

　保険金から基礎控除額（110万円）を引いた金額が課税対象となる。

（2）満期保険金、解約返戻金を受け取った場合

　満期保険金や解約返戻金を受け取った場合の課税関係は、契約者（保険料負担者）と受取人の関係により、〔図表2−34〕のとおりとなる。

　なお、契約者と受取人が同一で所得税・住民税が課税される場合のうち、保険期間5年以下の一時払養老保険などは金融類似商品として、20.315％の源泉分離課税となる。源泉分離課税の適用となるのは、以下のすべての要件に該当する契約である。

① 保険期間が5年以下の契約（保険期間が5年を超える契約を5年以内に解約した場合も含む）

〔図表 2 −34〕 満期保険金（解約返戻金）を受け取ったときの税金

契約者 (※)	被保険者	受取人	課される税金
A	A	A	所得税・住民税（一時所得）、ただし、保険期間5年以下の一時払養老保険などは20.315%の源泉分離課税
A	B	A	
A	A	B	贈与税
A	B	B	
A	B	C	

（※）契約者＝保険料負担者

② 一時払いまたはこれに準ずる保険料の払い方であること（一時払いに準ずる払い方とは、契約時から **1年**以内に保険料総額の **2分の1** 以上の払込みがある場合、または **2年**以内に保険料総額の **4分の3** 以上の払込みがある場合をいう（前納保険料も同様に扱う））

③ 普通死亡保険金の額が満期保険金の額と同額か、または満期保険金の額より少なく、かつ災害死亡保険金の額および疾病等による入院・通院給付日額に支払限度日数を乗じた金額の合計額が満期保険金額の5倍未満の契約

　たとえば、平準払いの **養老保険** や **確定年金** を全期前納して5年以内に解約した場合、一時払いの養老保険や確定年金を5年以内に解約した場合などは、上記の要件に該当する。一時払終身保険等の満期がない保険商品は該当しない。

　源泉分離課税の対象となる所得ならびに税額の計算は、次のとおりであり、受取時に税額を源泉徴収され課税関係が終了する。

源泉徴収税額

　所得（差益金）×20.315%（所得税15.315%、住民税5％）
　（※）所得（差益金）＝｛満期保険金（解約返戻金）＋積立配当金｝－一時払保険料

　なお、保険会社は、1回に支払うべき保険金、解約返戻金等の金額が **100万円を超える**場合、保険金受取人等の納税地の所轄税務署長に **支払調書** を提出しなければならないことになっている。

(3) 外貨建て保険の場合

　外貨で保険金等が支払われた場合、課税対象となる税金の種類に応じ、課税時期における円貨換算評価額が課税対象となり、各種税制上の特例は円貨で支払われた保険金等と同様の扱いとなる。また、**為替差益は雑所得として分けず**、**保険差益や解約差益に含める。**

相続税・贈与税	原則、課税時期におけるTTB（対顧客電信買相場）またはこれに準ずる相場
所得税・住民税	原則、課税時期におけるTTM（TTS（対顧客電信売相場）とTTB（対顧客電信買相場）の仲値）またはこれに準ずる相場

(4) 保険金を据置きにした場合

　死亡保険金または満期保険金をすぐに受け取らずに、据え置く場合がある。この場合、保険金を受け取らなくても、保険金に対してこれまで述べたとおりの課税が行われる。なお、据置保険金の毎年の利息は雑所得として課税される。

(5) 給付金を受け取った場合

① 入院給付金、通院給付金、障害給付金、手術給付金を受け取った場合

　被保険者本人が受け取る場合も、被保険者の配偶者や直系血族あるいは生計を一にするその他の親族が受け取る場合も、入院給付金、通院給付金、障害給付金、手術給付金などは非課税所得となる。

② 生前給付保険金を受け取った場合

　高度障害保険金や特定疾病保険金、リビング・ニーズ特約保険金などの生前給付保険金も同様に非課税所得である。

　なお、生前給付保険金を受け取った後に被保険者が死亡し、受け取った保険金が現金等で残っている場合、その現金等は相続税の課税対象になる。

(6) 契約者配当金を受け取った場合

　契約者配当金は過払保険料の事後精算という性質から、これを受け取った場合、課税関係は生じない。ただし、保険金・解約返戻金とともに支払われる契約者配当金は、所得税や住民税、相続税や贈与税の課税対象として取り扱う。

　なお、生命保険料控除や、一時所得の必要経費の既払保険料を計算する際には、表定保険料から、保険金等の受取の前に受け取った契約者配当金を差し引いた金額を正味払込保険料とする。

(7) 契約者や受取人を変更した場合

　契約者や受取人の変更が行われた場合（契約者の死亡による変更を除く）、名義変更時点での課税は発生しない。この名義変更された生命保険の保険金や解約返戻金等が支払われる際に、その保険料の負担割合で受け取った金額を按分し、名義変更前と後で区分して

課税が発生することになる。

また、生命保険金等の支払調書は、保険契約の契約者変更の回数等、契約者変更の情報も記載される。

❸ 生命保険契約の権利と評価

被相続人が保険料負担者で、被相続人以外の者が被保険者となっている保険契約を相続により引き継いだ場合は、その引き継いだ相続人（変更後の契約者）が**生命保険契約に関する権利**を相続または遺贈により取得したものとして、相続税の課税対象となる。

なお、生命保険契約に関する権利の評価額は、課税時期における解約返戻金相当額により評価することになる。

また、保険会社等は、**死亡による契約者変更**があった場合には、死亡による契約者変更情報および解約返戻金相当額等を記載した調書を税務署長に提出しなければならない。

❹ 個人年金保険と税金

(1) 年金受取開始前

個人年金保険の保険料は一定の要件を満たせば、個人年金保険料控除が受けられる（控除額は、一般の生命保険料控除と同じ）。また、年金受取開始前に被保険者が死亡した場合には死亡給付金が支払われるが、この場合の課税は、死亡保険金の場合と同じである。

(2) 年金受取開始時

① 契約者（保険料負担者）と年金受取人が同一の場合

契約者と年金受取人が同一である場合、年金受取開始による課税は特に発生しない（毎年受け取る年金がその都度所得税・住民税の課税対象になる。（3）参照）。

② 契約者（保険料負担者）と年金受取人が異なる場合

契約者（保険料負担者）と年金受取人が異なる場合は、年金受取人が年金受取開始時に年金受給権を贈与により取得したものとみなされ、**贈与税**の課税対象となる。たとえば、夫が契約者（保険料負担者）で妻を被保険者とする場合、夫が個人年金保険料税制適格特

約を付加して個人年金保険料控除を受けるためには、年金受取人を妻にしなければならない。このような場合は、年金受取開始時に、契約者（保険料負担者）である夫から妻が贈与によって年金受給権（定期金に関する権利）を取得したものとみなされて贈与税が課される。年金保険料払込期間中に名義変更していた場合も同じである。

贈与税の課税対象となる年金受給権の評価額は、次のとおりである。

贈与税の対象となる年金受給権の評価額

$$年金受給権の評価額 \times \frac{年金受取人以外の者が負担した保険料の合計額}{払込保険料の総額}$$

年金受給権の評価方法は次のa.〜c.に掲げる金額のうちいずれか高い金額である。
a. 解約返戻金相当額
b. 定期金に代えて一時金の給付を受けることができる場合にはその一時金相当額
c. その契約に係る予定利率等を基に算出した金額
　　確定年金：1年間に受けるべき金額×約定利率の複利年金現価率（残存期間に応ずるもの）
　　終身年金：1年間に受けるべき金額×約定利率の複利年金現価率（平均余命に応ずるもの）

なお、契約者（保険料負担者）が死亡したことにより生じる年金受給権は、**相続税**の課税対象となる。

(3) 年金受取時

① 毎年受け取る年金への課税

個人が毎年受け取る年金は、**雑所得**として所得税・住民税の課税対象となる。

雑所得の金額

雑所得の金額＝その年に受け取る年金額[※1]－必要経費[※2]
※1　その年に受け取る年金額＝基本年金＋増額年金＋増加年金
※2　必要経費＝（基本年金＋増額年金）×必要経費率[※3]
※3　必要経費率＝$\dfrac{既払込正味保険料総額}{年金受取総額またはその見込額}$（小数点以下第3位切上げ）

上記算式における「年金受取総額またはその見込額」は、年金種類ごとに、次のとおり計算する（余命年数は〔図表2 −35〕による）。

なお、契約者（保険料負担者）と年金受取人が異なる場合、年金受取開始時に、「年金

〔図表2－35〕余命年数表（所得税法施行令82条の3別表）

年金の支給開始日における年齢（歳）	余命年数（年）		年金の支給開始日における年齢（歳）	余命年数（年）	
	男	女		男	女
55	23	27	63	17	20
56	22	26	64	16	19
57	21	25	65	15	18
58	20	25	66	14	18
59	20	24	67	14	17
60	19	23	68	13	16
61	18	22	69	12	15
62	17	21	70	12	14

受給権の権利」として贈与税や相続税の課税対象となった部分の金額として一定の方法により計算した金額は所得税が非課税となり、各年の年金収入金額からこの非課税金額を除いた部分に所得税（雑所得）が課される。また、1回目の年金部分は収入金額の全額が非課税となる。

a．確定年金

年金受取総額

（基本年金 ＋ 増額年金）×年金受取期間

b．有期年金

年金受取見込額

（基本年金 ＋ 増額年金）× 有期期間の年数と年金受取開始日の被保険者の余命年数のいずれか短い年数

c．終身年金

年金受取見込額

（基本年金 ＋ 増額年金）×被保険者の余命年数

d．保証期間付終身年金

年金受取見込額

> （基本年金 ＋ 増額年金）× 被保険者の余命年数と保証期間年数とのいずれか長い年数

② 年金の一括受取時の税金

確定年金や保証期間付終身年金（保証期間付終身年金の場合、保証期間部分）では、年金受取開始後に、年金の一括受取ができる（有期年金や終身年金はできない）。一括受取の場合の課税関係は次のとおりである。

a．確定年金

確定年金の残存期間までの年金を一括して受け取ると、その時点で契約は消滅する。契約が消滅するので一時所得として所得税・住民税の課税対象になる。

b．保証期間付終身年金

保証期間付終身年金の保証期間内で、残存期間までの年金を一括して受け取った場合、保証期間経過後に年金受取人（＝被保険者）が生存していれば年金が支払われる。一括して受け取る金額は雑所得として所得税・住民税の課税対象になる。

③ 個人年金の源泉徴収

生命保険契約等に基づく年金は、その年金に係る雑所得金額（保険会社が支払う年金額からその年金額に対応する払込保険料を控除した金額）が年間25万円以上あるときは、雑所得金額の10.21％が源泉徴収される。25万円未満の場合は源泉徴収されない。

源泉徴収された税額を精算する場合は確定申告をすることになる。

保険会社は、年金受取人に対するその年の年金支払額が20万円を超えるときは、生命保険契約等の年金の支払調書を翌年1月31日までに年金受取人の納税地の所轄税務署長に提出しなければならないことになっている。

Q: 例題

契約者＝年金受取人：Aさん（66歳）、被保険者：妻Bさん（65歳）である個人年金保険に関する内容は以下のとおりである。Aさんの今年分の雑所得の金額はいくらになるか。なお、年齢は現在の年齢であり、他の所得については考慮しないものとする。また、計算にあたっては〔図表2－35〕を使用すること。

＜個人年金保険の内容＞
- 15年保証期間付終身年金　既払込正味保険料総額960万円
- 支払開始年齢60歳
- 年金額61万円（内訳：基本年金額および増額年金60万円、増加年金1万円）

A:

個人年金保険（保証期間付終身年金）から受け取る年金の雑所得の金額は以下の計算式により計算される。

雑所得の金額＝その年に受け取る年金額[※1]－必要経費[※2]

（※1）その年に受け取る年金額＝基本年金＋増額年金＋増加年金

（※2）必要経費＝（基本年金＋増額年金）×必要経費率[※3]

（※3）必要経費率＝$\dfrac{\text{既払込正味保険料総額}}{\text{年金受取総額またはその見込額}^{[※4]}}$（小数点以下第3位切上げ）

（※4）保証期間付終身年金の場合、「（基本年金＋増額年金）×被保険者の余命年数と保証期間年数とのいずれか長い年数」

本問の場合、

必要経費率＝$\dfrac{960万円}{60万円×23年^{(※)}}$＝0.695…　→0.70

（※）年金受取開始時（60歳時点）の被保険者（妻Bさん）の余命年数23年
　　　＞保証期間15年　→23年

雑所得の金額＝61万円－60万円×0.70＝19万円

(4) 年金受取人の死亡時の税金

　年金受取人と被保険者が同一である場合、年金受取人（被保険者）が死亡したときは、有期年金、終身年金、保証期間付終身年金の保証期間経過後であれば、その時点で、年金の受給権はなくなる。確定年金や、保証期間付終身年金の保証期間内であれば、残存期間の年金が年金継続受取人に支払われる。この場合、年金継続受取人が取得する年金受給権は、契約者（保険料負担者）がだれであるかにより、課税なし、または相続税・贈与税いずれかの課税対象となる〔図表2-36〕。その後に受け取る年金は、雑所得として所得税・住民税の課税対象になる。

　年金受取人と被保険者が同一でない場合、年金受取開始後に年金受取人が死亡しても、被保険者は健在であるため、契約は存続する。この場合も、年金継続受取人が取得する年金受給権は、契約者（保険料負担者）によって課税の扱いが異なり〔図表2-36〕、その後に受け取る年金は雑所得となる。各年の「保険年金」を所得税の課税部分と非課税部分に振り分け、課税部分の所得金額（課税部分の年金収入額－課税部分の支払保険料）にのみに所得税・住民税が課される。

〔図表2-36〕年金受取人の死亡時の年金受給権への課税

〈年金受取人と被保険者が同一である場合〉

契約者	被保険者	年金受取人	継続年金受取人	年金受給権への課税
A	B	B	A	なし
A	B	B	C	贈与税
B	B	B	C	相続税

〈年金受取人と被保険者が同一でない場合〉

契約者	被保険者	年金受取人	継続年金受取人	年金受給権への課税
A（B）	B	C	A（B）	なし
A	B	C	B	贈与税
C	B	C	Bおよびそれ以外	相続税

実務上のポイント

「旧制度」＝2011年12月31日以前の契約に対する生命保険料控除

「新制度」＝2012年1月1日以降の契約に対する生命保険料控除

- 「旧制度」の対象となる保険契約について、更新・契約の転換・特約の付加等をした場合、その変更月より、主契約を含めた契約全体が「新制度」の対象となる。

- 契約者の名義変更、保険金額の減額は、「新制度」の適用対象にはならない。

- リビング・ニーズ特約、指定代理請求特約など保障がない特約や、災害割増特約、障害特約など身体の傷害のみに基因して保険金が支払われる特約は、中途付加をしても「新制度」の対象にはならない。

- 「旧制度」「新制度」両方の契約がある場合、各種生命保険料控除を合算しての控除限度額は、所得税12万円、住民税7万円である。

- 一時払個人年金保険は、契約者、被保険者および年金受取人の関係、年金支払期間の長短などにかかわらず、個人年金保険料税制適格特約を付加することはできず、個人年金保険料控除の対象とはならない（要件を満たせば、一般の生命保険料控除の対象となる）。

- 保険期間5年以下の一時払養老保険の満期保険金や、保険期間が5年超でも5年以内に解約した一時払個人年金保険（確定年金）の解約返戻金は、金融類似商品として20.315%の源泉分離課税の対象となる。

- 保証期間付終身年金の保証期間内で、残存期間までの年金を一括して受け取った場合、当該一時金は雑所得として所得税・住民税の課税対象になる。

- 個人年金保険において、保険会社が支払う年金額からその年金額に対応する払込保険料を控除した金額が年間25万円以上になる場合、その金額から10.21%の税率による所得税および復興特別所得税が源泉徴収される。

- 個人年金保険において、年金受取人が保険会社から受け取る年金額が年間20万円を超える場合、保険会社は年金受取人の納税地の所轄税務署長に支払調書を提出しなければならない。

第 **4** 節

法人における生命保険の経理処理

　法人契約の保険は、その加入目的から経営者保険、福利厚生保険などに分類されるが、ここでは、契約形態によって、①役員・従業員が被保険者で、法人が保険金を受け取る**事業保険タイプ**と、②役員・従業員が被保険者で、役員・従業員の遺族が死亡保険金を受け取る**福利厚生保険タイプ**とに区分して、それぞれの取扱いを解説する。

　養老保険ならびに個人年金保険の場合に、死亡保険金（または死亡給付金）は役員・従業員の遺族が受け取って、満期保険金（または年金）は法人が受け取る場合は、福利厚生保険タイプとして税務上特別な取扱いとなっている。

❶ 保険料の経理処理

　法人が支払う保険料は、原則払込みの都度処理をする。**貯蓄性の保険**（養老保険、終身保険など）の保険料は**資産に計上**し、**保障性の保険**（定期保険、医療保険など）の保険料は**損金に算入**する。ただし、保険金受取人が遺族の場合は給与の扱いになるなど、保険種類や契約形態によって処理が異なる場合がある。

　また、**長期平準定期保険**と**逓増定期保険**は加入時期や加入年齢、保険期間、解約払戻率等によって複雑な取扱いとなっているので、いずれにも分類せず、それぞれの項目を設けて解説する。加えて、法人契約の**がん保険**（終身タイプ）、**医療保険**（終身タイプ）の保険料の取扱いについても本項にて併せて解説する（がん保険・医療保険については第4章参照）。

　なお、定期保険・第三分野保険の保険料の取扱いに係る法人税基本通達が、2019年6月28日に改正された。この改正によって、長期平準定期保険・逓増定期保険等にあった個別通達は廃止され、2019年7月8日以後（一定の保険は10月8日以後）の契約となる定期保険・第三分野の保険料には、改正後の取扱いが適用される。

　ただし、本改正は、改正日前に契約された保険には遡及適用されないため、改正日前日

までに契約された保険については、従来の個別通達に基づいた経理処理が適用されることとなる。

改正後の取扱いについては、本項の最後にまとめて解説する。

（1）事業保険タイプ

法人が契約者（保険料負担者）で、かつ、保険金受取人である契約形態を一般に**事業保険**という。被保険者が役員の場合は**経営者保険**、**役員保険**と呼んでいる。

〈契約形態〉

契約者	被保険者	死亡（満期）保険金（給付金）受取人
法人	役員・従業員	法人

この契約形態の場合の経理処理は、保険の種類に応じて以下のとおりである。

① 養老保険、終身保険

法人が負担した保険料は、**保険料積立金として資産に計上**する。なお、終身保険については税務上は規定がないが、養老保険に準じて経理処理する。

（事例）	月払保険料として、終身保険料を20万円支払う。			
	（資産の増加）		（資産の減少）	
保険料積立金	200,000	現預金	200,000

② 定期保険、第三分野保険

法人が負担した定期保険等の保険料は、**費用**として損金に算入する。なお、後述する一定の定期保険等（（3）、（4）、（6）、（7）参照）に該当する場合は取扱いが異なる。

（事例）	月払保険料として、定期保険料を10万円支払う。			
	（費用の発生）		（資産の減少）	
定期保険料	100,000	現預金	100,000

③ 定期保険特約付終身保険

主契約の終身保険と特約の定期保険の特約保険料が区分されている場合は、前述のとおり、終身保険料は資産に計上して、定期保険の特約保険料は、費用として損金に算入する。

保険料が区分されていない場合は全額を資産に計上する。

また、傷害特約などの特約保険料も費用として損金に算入する。

(事例)	月払保険料として、主契約の終身保険料を20万円、特約の定期保険の定期保険料を10万円、傷害特約の特約保険料を5万円の合計35万円支払う。			
		(資産の増加)		(資産の減少)
保険料積立金		200,000	現預金	350,000
		(費用の発生)		
定期保険料		100,000		
		(費用の発生)		
特約保険料		50,000		

④ 個人年金保険

死亡給付金および年金の受取人が法人の場合は、年金受取開始時まで個人年金保険料は年金（保険料）積立金として資産に計上する。

(事例)	月払保険料として、個人年金保険料を15万円支払う。		
	(資産の増加)		(資産の減少)
年金積立金	150,000	現預金	150,000

(2) 福利厚生保険タイプ

法人が契約者、役員・従業員が被保険者で、死亡保険金受取人が役員・従業員の遺族である契約形態の保険を一般に福利厚生保険という。

〈契約形態〉

契約者	被保険者	死亡保険金受取人
法人	役員・従業員	役員・従業員の遺族

この契約形態の場合の経理処理は、保険の種類に応じて以下のとおりである。

① 養老保険

a. 満期保険金受取人が役員・従業員の場合

法人が支払う養老保険の保険料は、被保険者の給与となる。役員・従業員個人側には、給与所得として課税される。

（事例）	月払保険料として、養老保険料を5万円支払う。			
	（費用の発生）		（資産の減少）	
給料・報酬	50,000	現預金		50,000

　なお、役員・従業員が受け取った満期保険金等に係る一時所得の計算上、その支払を受けた金額から控除することができるのは、法人等が負担した保険料のうち役員・従業員の給与所得に係る収入金額に算入された金額に限られる。

b．満期保険金受取人が法人の場合

　全従業員・役員を被保険者とし、満期保険金受取人を法人、死亡保険金受取人を被保険者の遺族とする養老保険は福利厚生プラン（ハーフタックス・プラン、2分の1養老保険）と呼ばれ、福利厚生目的の保険契約であることから、保険料の2分の1を資産に計上し、残りの2分の1を福利厚生費として損金に算入することができる。

（事例）	月払保険料として、養老保険料を30万円支払う。			
	（資産の増加）		（資産の減少）	
保険料積立金	150,000	現預金		300,000
	（費用の発生）			
福利厚生費	150,000			

　ただし、役員・部課長、その他特定の人だけを対象にしている場合、支払保険料の2分の1は福利厚生費とは認められず、被保険者の給与となる。

　また、福利厚生のための加入と認められず、税額軽減目的だとみなされた場合、福利厚生費としての損金算入が否認されることがある。したがって、加入目的が役員・従業員の福利厚生であることが明確になっていなければならない。その判断基準は、法令・通達等で明確には示されていないが、「普遍性」が判断基準の背景になっている。具体的には、少なくとも以下の普遍性が求められる。

　i　全員加入が原則であり、全員加入でない場合は、加入基準に普遍性が必要である。
　　たとえば、勤続年数で加入条件を設ける場合、退職率の高い入社後1、2年の従業員は除いて、3年以上勤続している役員・従業員とするなどといった基準である。
　　男性のみという性別による制限や、課長以上の従業員といった役職による制限は差別的扱いとして預金算入が否認される。また、全員加入でも、同族役員・従業員などの同族関係者が過半数を占める場合は、同族関係者の保険料は福利厚生費とは認

　　められず、給与とみなされる。

　　ii　保険金額も全員一律が望まれるが、普遍的な基準であれば勤続年数や職務内容別に保険金額の差を設けることができる（差が大きいと否認される場合もある）。ただし、男女間の保険金額に差を設けるなどということは普遍的な基準とはいえない。

　　iii　保険期間については、被保険者となる役員・従業員の退職時期等に合わせて設定するのが一般的である。なお、保険期間が短すぎると、税額軽減目的とみなされることもあるため、注意が必要である。

②　終身保険

　死亡保険金受取人が役員・従業員の遺族である場合、法人が支払う終身保険料は被保険者の給与となる。役員・従業員個人側には、給与所得として課税される。

（事例）	月払保険料として、終身保険料を5万円支払う。			
	（費用の発生）		（資産の減少）	
	給料・報酬	50,000	現預金	50,000

③　定期保険、第三分野保険

　死亡保険金受取人が役員・従業員の遺族である場合、定期保険料は損金に算入する。ただし、役員・部課長、その他特定の人だけが加入している場合は、被保険者の給与となる。なお、後述する一定の定期保険（（3）、（4）、（6）、（7）参照）に該当する場合は、保険料が給与となる場合を除き、取扱いが異なる。

（事例）	月払保険料として、定期保険料を5万円支払う。			
	（費用の発生）		（資産の減少）	
	定期保険料	50,000	現預金	50,000

④　定期保険特約付終身保険

　死亡保険金受取人が役員・従業員の遺族の場合、終身保険料は給与として、特約保険料は定期保険料と同様に損金に算入する。ただし、特定の人だけが加入している場合は、保険料全額が被保険者の給与となる。

(事例)	月払保険料として、主契約の終身保険料を20万円、特約の定期保険の定期保険料を10万円、傷害特約の特約保険料を5万円の合計35万円支払う。			
	(費用の発生)		(資産の減少)	
給料・報酬	200,000	現預金	350,000	
	(費用の発生)			
定期保険料	100,000			
	(費用の発生)			
特約保険料	50,000			

⑤ 個人年金保険

a. 年金受取人が役員・従業員の場合

個人年金保険料は、被保険者の給与となる。役員・従業員個人側には、給与所得として課税される。

(事例)	月払保険料として、個人年金保険料を5万円支払う。			
	(費用の発生)		(資産の減少)	
給料・報酬	50,000	現預金	50,000	

b. 年金受取人が法人の場合

福利厚生保険と同じ考え方で、個人年金保険料の90％を資産に計上し、残りの10％を福利厚生費として損金に算入する。ただし、特定の人だけが加入している場合は、福利厚生費とは認められず、被保険者の給与となる。

(事例)	月払保険料として、個人年金保険料を30万円支払う。			
	(資産の増加)		(資産の減少)	
年金積立金	270,000	現預金	300,000	
	(費用の発生)			
福利厚生費	30,000			

(3) 長期平準定期保険（2019年7月7日までの契約）

長期平準定期保険とは、定期保険のうち、一定の要件を満たすものをいう。

長期平準定期保険の要件

> （被保険者の契約時年齢 ＋ 保険期間） ＞70 [※]
>   かつ
> （被保険者の契約時年齢 ＋ 保険期間×2） ＞105
> （※）70歳満期の定期保険は長期平準定期保険に該当しない

　保険期間が短い定期保険は、保険料全額を損金に算入するが、長期にわたる定期保険は途中で解約すると高額の解約返戻金があるので、保険料の一部を資産に計上する。

　法人が契約者・保険金受取人で、役員または従業員を被保険者とする長期平準定期保険の保険料の経理処理は次のとおりとなる。なお、前述したとおり、法人税基本通達の改正により、2019年7月8日以後に契約される長期平準定期保険の保険料は、下記の経理処理方法から変更となっている（（7）参照）。

a．保険期間の**6割**（1年未満の端数**切捨て**）期間（**前払期間**という）は、保険料の**2分の1相当額**を**前払保険料**として資産に計上し、残りの**2分の1**を定期保険料として**損金**に算入する。

b．前払期間が経過した後の保険料は、その全額を損金に算入する。また、それまで資産に計上してきた前払保険料を、前払保険期間経過時から残りの保険期間（保険期間の4割）の経過に応じて均等に取り崩して損金に算入する。

（事例）　　　役員（40歳）が、80歳満期の定期保険に加入した。年払保険料は60万円である。
　（1）前払期間（保険期間開始後24年間）の定期保険料

	（費用の発生）		（資産の減少）
定期保険料	300,000	現預金	600,000
	（資産の増加）		
前払保険料	300,000		

　（2）前払期間経過後の定期保険料と資産に計上している前払保険料の取扱い
　　前払期間経過時点で資産に計上している前払保険料は720万円（＝年間資産計上額30万円 ×24年）である。これを残りの保険期間（16年）で取り崩すと、年間45万円（＝720万円 ÷16年）となる。

	（費用の発生）		（資産の減少）
定期保険料	1,050,000	現預金	600,000
			（資産の減少）
		前払保険料	450,000

　なお、法人が自己を契約者として、特定の役員または従業員のみを被保険者とし、被保険者の遺族を保険金受取人とする長期平準定期保険の保険料は、定期保険料とせず、原則、給与として取り扱う。

（4）逓増定期保険（2019年7月7日までの契約）

　逓増定期保険の死亡保険金額は、毎年、単利あるいは複利で保険金額が逓増していく仕組みになっている。保険金額は、契約時の保険金額（基本保険金額）の5倍が限度となっている。保険金額が最大となる金額までを見込んだ平準保険料で設計されているので長期平準定期保険と同様、途中で解約すると、相当に高額な解約返戻金がある。

　そこで、一定の要件を満たす逓増定期保険の保険料についても、その一部を資産に計上する取扱いとなる。保険料の一部を資産に計上する前払期間は、長期平準定期保険と同じく、保険期間の6割である。また、以下のとおり2008年2月27日までの契約と2008年2月28日以後の契約とで異なる経理処理が定められている（以下に該当しない場合は、保険料の全額損金算入ができる）。

　なお、前述したとおり、法人税基本通達の改正により、2019年7月8日以後に契約され

2008年2月27日までの契約分

① 保険期間満了の時における被保険者の年齢 >60かつ被保険者の契約時年齢 + 保険期間 × 2 >90の逓増定期保険（②、③に該当するものを除く）
→前払期間の保険料の資産計上額は支払保険料の **2分の1**

② 保険期間満了の時における被保険者の年齢 >70かつ被保険者の契約時年齢 + 保険期間 × 2 >105の逓増定期保険（③に該当するものを除く）
→前払期間の保険料の資産計上額は支払保険料の **3分の2**

③ 保険期間満了の時における被保険者の年齢 >80かつ被保険者の契約時年齢 + 保険期間 × 2 >120の逓増定期保険
→前払期間の保険料の資産計上額は支払保険料の **4分の3**

2008年2月28日以後の契約分

① 保険期間満了の時における被保険者の年齢 >45の逓増定期保険（②、③に該当するものを除く）
→前払期間の保険料の資産計上額は支払保険料の **2分の1**

② 保険期間満了の時における被保険者の年齢 >70かつ被保険者の契約時年齢 + 保険期間 × 2 >95の逓増定期保険（③に該当するものを除く）
→前払期間の保険料の資産計上額は支払保険料の **3分の2**

③ 保険期間満了の時における被保険者の年齢 >80かつ被保険者の契約時年齢 + 保険期間 × 2 >120の逓増定期保険
→前払期間の保険料の資産計上額は支払保険料の **4分の3**

第2章

る逓増定期保険の保険料は、下記の経理処理方法から変更となっている（（7）参照）。

(事例)	役員（40歳）が、85歳満期（保険期間45年）の逓増定期保険に加入した。 年払保険料は60万円である。なお、本件は2008年2月28日以後の契約分③に該当する。

（1）前払期間（保険期間開始後27年間）の定期保険料

	（費用の発生）		（資産の減少）
定期保険料	150,000	現預金	600,000
	（資産の増加）		
前払保険料	450,000		

（2）前払期間経過後の定期保険料と資産に計上している前払保険料の取扱い

前払期間経過時での資産に計上している前払保険料は1,215万円（＝年間資産計上額45万円×27年）である。これを残りの保険期間（18年）で取り崩すと、年間67万5,000円（＝1,215万円 ÷18年）となる。

	（費用の発生）		（資産の減少）
定期保険料	1,275,000	現預金	600,000
			（資産の減少）
		前払保険料	675,000

また、法人が自己を契約者として、特定の役員または従業員のみを被保険者とし、被保険者の遺族を保険金受取人とする逓増定期保険の保険料は、長期平準定期保険と同様、定期保険料とせず、原則、給与として取り扱う。

(5) 有期（短期）払い、保険料頭金制度・保険料前納制度利用の場合

これまで説明した保険料の経理処理は、保険期間の全期間を通じて支払う全期払いのケースについてである。全期払いのほかに、有期（短期）払いや保険料頭金制度、保険料前納制度を利用する場合があり、それぞれの場合の取扱いは以下のとおりである。

① 有期（短期）払いの保険料

保険期間よりも保険料払込期間が短い場合を有期（短期）払いという。

有期（短期）払いの場合、たとえば、保険期間20年の平準定期保険で保険料払込期間10年の場合は、保険料払込期間10年間で支払う保険料の総額を20年で支払うものとして経理処理する。保険料払込期間経過後は前払保険料を期間の経過に応じて取り崩す。

ただし、終身保険料など全額を資産に計上する保険の保険料は、払込みの都度、保険料積立金として資産に計上する。

なお、法人税基本通達の改正により、2019年10月8日以後契約の有期（短期）払いの保険のうち、一定の要件を満たすものは、支払った保険料の金額をその事業年度の損金に算入することが認められている（（7）参照）。

（事例）　保険期間20年の定期保険の保険料を短期払いで年間10万円支払う（保険料払込期間10年）。

　10年間で100万円支払うことになるが、100万円を保険期間20年で割った5万円が実際の保険料で、残りの保険料5万円は前払保険料として資産に計上する。保険料払込満了時の前払保険料は50万円（＝5万円×10年）で、これを残りの保険期間10年で、毎年5万円（＝50万円÷10年）取り崩すことになる。

（1）保険料払込期間が経過するまで

	（費用の発生）		（資産の減少）
定期保険料	50,000	現預金	100,000
	（資産の増加）		
前払保険料	50,000		

（2）保険料払込期間を経過した後

	（費用の発生）		（資産の減少）
定期保険料	50,000	前払保険料	50,000

② 保険料頭金制度、保険料前納制度を利用した場合

　定期保険の保険料を一時払いで払い込んだ場合は、いったん前払保険料として資産に計上して、その後、事業年度末に期間の経過に応じて当年度分を取り崩して損金に算入する。

　終身保険など全額を資産に計上する保険の保険料は、一時払保険料の全額を保険料積立金として資産に計上する。

　保険料前納制度の場合も、保険料頭金制度と経理処理は同じである。ただし、契約が消滅した場合に、保険料頭金制度では未経過保険料がないのに対し、保険料前納制度は未経過保険料があるため、その金額が払い戻される。

（事例）　保険期間20年の定期保険の保険料100万円を一時払いで支払う。
　毎年の保険料は5万円（＝100万円÷20年）となる。

	（資産の増加）		（資産の減少）
前払保険料	950,000	現預金	1,000,000
	（費用の発生）		
定期保険料	50,000		

翌事業年度末に、次のとおり取り崩す。

	（費用の発生）		（資産の減少）
定期保険料	50,000	前払保険料	50,000

(6) がん保険、医療保険（2019年7月7日等までの契約）━━

終身保障タイプのがん保険・医療保険の保険料は、次のとおり経理処理をする。

なお、前述したとおり、法人税基本通達の改正により、2019年7月8日以後（一定の保険は10月8日以後）に契約される医療保険・がん保険等の保険料は、下記の経理処理方法から変更となっている（（7）参照）。

① 医療保険・2012年4月26日以前の契約の終身保障タイプのがん保険の保険料

a．保険金受取人が法人の場合

終身払込みの保険料は、払込みの都度、損金に算入する。

有期（短期）払込みの保険料については、保険料払込期間中は105歳を計算上の満期到達時年齢として、払込保険料×保険料払込期間÷（105歳－契約時年齢）の金額を損金に算入して、残りの金額を資産に計上する。保険料払込満了後は保険料払込時の資産計上額÷（105歳－払込満了時年齢）の金額を期間の経過に応じて資産計上額から取り崩して損金に算入する。

b．保険金受取人が役員・従業員（これらの親族も含む）の場合

役員・使用人の大部分が加入（普遍的加入）している場合は、上記 a．の処理と同じである。

ただし、役員または部課長その他特定の使用人（これらの者の親族を含む）のみを被保険者としている場合には、当該役員または使用人に対する給与として扱う。

② 2012年4月27日以後の契約の終身保障タイプのがん保険の保険料

a．終身払込みの場合

ⅰ 前払期間中

加入時の年齢から105歳までの期間を計算上の保険期間とし、その保険期間の5割に相当する期間（前払期間）については支払保険料の2分の1に相当する金額を前払金等として資産計上し残額については損金の額に算入する。

ⅱ 前払期間経過後の期間

各年に支払う保険料および前払期間に資産計上した金額の一部を一定の算式により取り崩して損金の額に算入する。

b．有期（短期）払込み（一時払いを含む）の場合

ⅰ 前払期間中

保険料払込期間が終了するまでの期間は、当期分保険料（支払保険料（年額）×保険料払込期間÷保険期間）の2分の1に相当する金額および当期分保険料を超える金

額を前払金等として資産計上し、残額については損金の額に算入する。保険料払込期間が終了した後の期間については、当期分保険料の2分の1に相当する金額を資産計上額から取り崩して損金の額に算入する。

ii 前払期間経過後の期間

保険料払込期間が終了するまでの期間は、当期分保険料を超える金額を前払金等として資産計上し、残額については損金の額に算入する。また、前払期間中に資産計上した金額のうち一定金額を取り崩して損金の額に算入する。保険料払込期間が終了した後の期間については、当期分保険料の金額および資産計上した金額を一定の算式により取り崩した金額を損金の額に算入する。

(7) 定期保険および第三分野保険に係る保険料の取扱い（2019年7月8日以後の契約）

定期保険・第三分野保険の保険料の取扱いに係る法人税基本通達が、2019年6月28日に改正された。改正によって、2019年7月8日以後の契約で、法人を契約者、役員または従業員を被保険者とする一定の定期保険・第三分野保険(注)の保険料は、最高解約返戻率に応じて資産計上期間・資産計上額等について以下の取扱いが適用される。ただし、特定の役員・従業員等を被保険者とし、保険金受取人を被保険者またはその遺族とする場合、保険料は払込の都度、当該被保険者の給与となる。

本改正は、改正日前の既契約に対する遡及適用はされない。

注 保険期間が終身である第三分野保険については、保険期間の開始の日から被保険者の年齢が116歳に達する日までを計算上の保険期間とする。

① 最高解約返戻率50％超70％以下

保険期間	40％期間	35％期間	25％期間（75％期間経過後）
資産計上 損金算入 割合	●40％を資産計上 ●60％を損金算入	全額を損金算入	●全額を損金算入 ●資産計上額を残存期間で均等に取り崩し（損金算入）

（事例）　　最高解約返戻率60％、保険期間40年（契約時年齢60歳、100歳満期）の定期保険に加入した。年払保険料は100万円である。

（1）資産計上期間16年（40％期間）

	（費用の発生）			（資産の減少）
定期保険料	600,000		現預金	1,000,000
	（資産の増加）			
前払保険料	400,000			

（2）据置期間14年（35％期間）

	（費用の発生）			（資産の減少）
定期保険料	1,000,000		現預金	1,000,000

（3）取崩期間10年（25％期間）

	（費用の発生）			（資産の減少）
定期保険料	1,640,000		現預金	1,000,000
				（資産の減少）
			前払保険料	640,000 ^(※)

（※）40万円×16年÷10年＝64万円

②　最高解約返戻率70％超85％以下

保険期間	40％期間	35％期間	25％期間（75％期間経過後）
資産計上損金算入割合	● 60％を資産計上 ● 40％を損金算入	全額を損金算入	● 全額を損金算入 ● 資産計上額を残存期間で均等に取り崩し（損金算入）

（事例）　　最高解約返戻率80％、保険期間60年（契約時年齢40歳、100歳満期）の定期保険に加入した。年払保険料は100万円である。

（1）資産計上期間24年（40％期間）

	（費用の発生）			（資産の減少）
定期保険料	400,000		現預金	1,000,000
	（資産の増加）			
前払保険料	600,000			

（2）据置期間21年（35％期間）

	（費用の発生）			（資産の減少）
定期保険料	1,000,000		現預金	1,000,000

（3）取崩期間15年（25％期間）

	（費用の発生）		（資産の減少）	
定期保険料	1,960,000	現預金	1,000,000	
			（資産の減少）	
		前払保険料	960,000	

（※）60万円×24年÷15年＝96万円

③ 最高解約返戻率85％超

保険期間	最高解約返戻率（A）となる期間まで^{（※1）}	Aとなる期間経過後から解約返戻金相当額が最も高い金額となる期間まで	解約返戻金相当額が最も高い金額となる期間の経過後^{（※2）}
資産計上損金算入割合	1〜10年目： ● A×90％を資産計上 ● 残額を損金算入 11年目以降： ● A×70％を資産計上 ● 残額を損金算入	全額を損金算入	● 全額を損金算入 ● 資産計上額を残存期間で均等に取り崩し（損金算入）

（※1）最高解約返戻率経過後で解約返戻金の年間増加率（「（当該期間の解約返戻金－直前期間の解約返戻金）÷年換算保険料相当額」の割合）が70％を超える期間があるときは、それを満たさなくなる日まで。

（※2）解約返戻金相当額が最も高い金額となる期間が複数ある場合、そのうち最も遅い期間経過後とする。

（事例）　最高解約返戻率95％、保険期間40年（契約時年齢40歳、80歳満期）の定期保険に加入した。年払保険料は100万円である。
（1）最高解約返戻率となるまでの期間：10年
（2）（1）経過後、解約返戻金の年間増加率が70％超となる期間：11〜15年目
（3）（2）経過後、解約返戻金相当額が最も高い金額となるまでの期間：16〜30年目

（1）資産計上期間10年

	（費用の発生）		（資産の減少）
定期保険料	145,000	現預金	1,000,000
	（資産の増加）		
前払保険料	855,000^{（※）}		

（※）100万円×95％×90％＝85.5万円

（2）資産計上期間11〜15年目

	（費用の発生）		（資産の減少）
定期保険料	335,000	現預金	1,000,000
	（資産の増加）		
前払保険料	665,000^{（※）}		

（※）100万円×95％×70％＝66.5万円

（3）据置期間16〜30年目

	（費用の発生）		（資産の減少）	
定期保険料	1,000,000	現預金	1,000,000	

（4）取崩期間10年間（31年目以降保険期間の満了まで）

	（費用の発生）		（資産の減少）	
定期保険料	2,187,500	現預金	1,000,000	
			（資産の減少）	
		前払保険料	1,187,500 (※)	

（※）（85.5万円×10年＋66.5万円× 5 年）÷10年＝118.75万円

なお、以下に該当する保険等は、期間の経過に応じて支払保険料の全額を損金算入する。

- ●最高解約返戻率が**50%**以下の契約
- ●最高解約返戻率が**70%**以下で、かつ、年換算保険料相当額^(注)が**30万円**以下の契約
- ●保険期間が 3 年未満の契約

注 「支払保険料総額÷保険期間」で算出される金額。なお、 1 人の被保険者が 2 以上の定期保険等に加入している場合は、それぞれの年換算保険料相当額の合計額で判断する。

また、解約返戻金のない有期（短期）払いの定期保険または第三分野の保険では、保険期間の経過に応じ、下記例のとおり損金算入する。終身保障の第三分野保険では被保険者の年齢が116歳に達するまでを計算上の保険期間として計算する。

例）契約時の被保険者の年齢が36歳、年間保険料100万円、保険料払込期間10年

　　当期分保険料＝100万円×10年÷80年（116歳－36歳）＝12.5万円

　　∴保険料払込期間（10年間）：前払保険料87.5万円、支払保険料12.5万円

　　　保険料払込期間経過後：資産計上した保険料のうち当期分保険料を毎年取り崩す

ただし、その事業年度の支払保険料が 1 被保険者につき30万円以下であれば、支払った日の属する事業年度の損金に算入することが認められる。この改正については、2019年10月 8 日以後契約の保険に適用される。

2 契約者配当金の経理処理

契約者配当金については、その通知を受けた日の属する事業年度の益金の額に算入し、配当金積立金として資産に計上する。ただし、養老保険ならびに終身保険で、法人が保険金受取人の場合は、資産に計上している保険料積立金から契約者配当金を控除することもできる。

なお、保険金買増方式の場合は、契約者配当金を一時払いの保険料として保険金を買い増すことになる。

また、据置配当または積立配当の利子の額も資産に計上する。

(事例)	契約者配当を積立配当金として積み立てている。契約者配当金として10万円、積立配当金の利息として1万円を積み立てるとの通知が保険会社からあった。			
	(資産の増加)		(収益の発生)	
配当金積立金	110,000	雑収入	110,000	

❸ 払済保険への変更の経理処理

払済保険に変更する場合には、変更前の契約の洗い替えを行う。すなわち、変更前の契約の解約返戻金を、変更後の保険の保険料（一時払い）として充当する処理を行う。

変更前の契約の保険料積立金（または前払保険料）が、解約返戻金より少ない場合にはその差額を雑収入として益金に、多い場合にはその差額を雑損失として損金に算入する。

ただし、養老保険、終身保険、定期保険、第三分野保険および年金保険（特約の付加がないもの）から同種類の払済保険に変更した場合は、契約の洗い替えをせずにそのままにしておくこともできる[注]。

注 前述した2019年6月28日の法人税基本通達の改正により、「洗い替えが不要」な範囲に「定期保険、第三分野保険から同種類の払済保険に変更した場合」が加えられた。ただし、2019年7月8日より前に契約をしていた定期保険等の場合は、その日以後に払済保険に変更する場合であっても、同種類への変更とはみなされず、原則どおり洗い替えの処理が必要となる。

(事例)	逓増定期保険付終身保険を払済保険として終身保険に変更した。資産には保険料積立金5万円、前払保険料10万円が計上されていて、解約返戻金は50万円であった。			
	(資産の増加)		(資産の減少)	
保険料積立金	500,000	保険料積立金	50,000	
			(資産の減少)	
		前払保険料	100,000	
			(収益の発生)	
		雑収入	350,000	

なお、2019年7月8日以後に加入した一定の保険（定期保険・第三分野保険のうち前述の（7）の①〜③の経理処理の適用を受けるもの）のうち、2021年7月1日以後に名義変

更により保険契約を現物支給する際の「保険契約に関する権利の評価」について、所得税基本通達36-37の一部改正により、評価方法が改正されている。このうち、「復旧することのできる払済保険」を現物支給する場合の評価方法は、名義変更時における下記の金額の合計額となる。

- 解約返戻金額（解約返戻金が資産計上額の70％未満の場合は資産計上額）
- 払済保険への経理処理時に発生した損金額

❹ 給付金の経理処理

法人が医療保険ならびに災害・疾病関係特約により給付を受けた給付金は、全額を雑収入として益金に算入する。

(事例)	入院給付金を30万円受け取った。			
		(資産の増加)		(収益の発生)
現預金		300,000	雑収入	300,000

なお、給付金を慶弔見舞金規程などにより社員等に見舞金として支払った場合、社会通念上妥当な額であれば損金に算入できるが、社会通念上妥当な額を超える部分は給与となる。

❺ 保険金、解約返戻金の経理処理

(1) 保険金受取時

法人契約で満期保険金や死亡保険金を受け取る場合には、受取人が法人（事業保険タイプ）か被保険者または被保険者の遺族（福利厚生保険タイプ）かで経理処理が異なる。

① 法人が受取人のとき

会社の資産に保険料積立金や前払保険料および配当金積立金が計上されている保険であれば、それを取り崩して、受け取った満期保険金または死亡保険金との差額を雑収入として益金に算入する。

定期保険等で、資産に計上している保険料がない場合、保険金等は全額を雑収入として

益金に算入する。積立配当金があれば、積立配当金の資産の勘定科目である配当金積立金を取り崩す。

（事例）　保険会社から死亡保険金など3,100万円を受け取った。その時の会社の資産には保険料積立金600万円、配当金積立金100万円が計上してある。

	（資産の増加）		（資産の減少）	
現預金	31,000,000	保険料積立金	6,000,000	
			（資産の減少）	
		配当金積立金	1,000,000	
			（収益の発生）	
		雑収入	24,000,000	

　なお、受け取った保険金で、死亡退職金を支払う場合は、保険金の受取とは別の取引として処理する。

（事例）　死亡退職金として、3,000万円を支払った。

	（費用の発生）		（資産の減少）
退職金	30,000,000	現預金	30,000,000

　また、死亡保険金をあらかじめ年金で受け取ることとされている収入保障特約の場合は、その年金を受け取った事業年度の益金として計上する。ただし、その年金の一部を一括受取した場合には、未収年金も一括受取したものとして未収金として計上し、受取時に取り崩し、差額を雑収入とする。

②　被保険者もしくは被保険者の遺族が受取人のとき

　満期保険金、死亡保険金の受取人が被保険者もしくはその遺族である場合は、保険料は原則、保険の種類にかかわらず給与または福利厚生費として損金に算入しているので、資産には配当金積立金以外は何も計上されていない。経理処理は、資産に計上している配当金積立金を取り崩して、雑損失として損金に算入する。なお、福利厚生プランの場合、資産計上している保険料を取り崩す。

（事例）　死亡事故が発生して死亡保険金が遺族に支払われた。その時の配当金積立金は100万円であった。

	（費用の発生）		（資産の減少）
雑損失	1,000,000	配当金積立金	1,000,000

（2）解約返戻金の受取時

　法人契約の保険を解約した場合は、保険金受取人が法人（事業保険タイプ）であろうと被保険者または被保険者の遺族（福利厚生保険タイプ）であろうと、法人（契約者）に解約返戻金の受給権があるので、どちらも経理処理は同じである。

　受け取った解約返戻金の額と、資産に計上している保険料積立金や前払保険料および配当金積立金等との差額を、雑収入または雑損失として、益金または損金に算入する。

（事例）	保険を解約し、解約返戻金100万円を受け取った。その時の資産に計上している保険料積立金は130万円、配当金積立金は 3 万円であった。			
		（資産の増加）		（資産の減少）
	現預金	1,000,000	保険料積立金	1,300,000
		（費用の発生）		（資産の減少）
	雑損失	330,000	配当金積立金	30,000

❻ 法人から個人への名義変更の経理処理

　法人契約の保険では、被保険者である役員・従業員の退職にあたり、契約者（＝保険料負担者）を役員・従業員、死亡保険金受取人を役員・従業員の遺族に名義変更して保険契約を個人に移行し（現物支給）、退職金の一部として支給することがある。

　この場合、原則として、その時点での解約返戻金相当額と、資産に計上している保険料積立金や前払保険料および配当金積立金等との差額を、雑収入または雑損失として、益金または損金に算入する。

（事例）	役員の退職に伴い、法人契約の保険について、契約者を被保険者である役員、死亡保険金受取人を役員の配偶者に名義変更し、退職金の一部として現物支給した。その時の解約返戻金相当額は1,000万円、資産に計上している保険料積立金は1,100万円、配当金積立金は20万円であった。			
		（費用の発生）		（資産の減少）
	退職金	10,000,000	保険料積立金	11,000,000
		（費用の発生）		（資産の減少）
	雑損失	1,200,000	配当金積立金	200,000

　なお、2021年6月25日に所得税基本通達の一部改正が公表され、2021年7月1日以後、解約返戻金の額が著しく低いと認められる保険契約等の権利を支給した場合の評価方法はそれぞれのとおりである。

① 　支給時解約返戻金の額が支給時資産計上額の70％に相当する金額未満であるときは、支給時資産計上額により評価を行う。

② 　復旧することができる払済保険その他これに類する保険契約等に関する権利を支給した場合には、支給時資産計上額に「第4節1保険料の経理処理（7）①②③」の取扱いにより損金算入した金額を加算した金額で評価を行う。

実務上のポイント

〈養老保険の福利厚生プラン〉

・保険料の2分の1を保険料積立金として資産計上、残りの2分の1を福利厚生費として損金算入する。

・役員・従業員の全員が被保険者として加入することが原則とされている。

〈定期保険および第三分野保険の保険料の取扱い（2019年7月8日以後契約）〉

・最高解約返戻率が50％超70％以下の保険の場合、保険期間の当初40％の期間は、支払保険料の40％を資産計上する。

・最高解約返戻率が70％超85％以下の保険の場合、保険期間の当初40％の期間は、支払保険料の60％を資産計上する。

・最高解約返戻率が50％以下の保険は、支払保険料の全額を損金算入する。

第 3 章

損害保険

第 **1** 節

損害保険の仕組みと契約

❶ 損害保険の仕組みと機能

(1) 損害保険の仕組み

損害保険とは、①同質・多数の危険を、その危険の大きさに基づいて公正に算出された保険料を支払うことで保険会社に転嫁（第三者に移動）し、②保険会社は危険をプールするとともに集められた保険料で準備財産を築いておき、③危険集団のある者が偶然な事故によって損失を被った場合に、④その経済的損失を回復するために準備財産から損害がてん補される（保険金を受け取る）仕組みである。個人の生活や企業経営の経済的安定を支える、重要な社会的機能を担っている。

① 危険の転嫁（第三者への移動）

危険の転嫁とは、リスクファイナンシング（リスク発生後の損失を復旧させるための費用処理）の手法の1つであり、危険によってもたらされる経済的損失が個人または企業が保有するにはあまりに大きいとき、個人または企業は保険会社に危険を転嫁する。

② 危険のプール

危険のプールとは、同じような危険にさらされている多数の経済主体から危険を集めることであり、このことによって発生した損害を多数の危険集団に分散することができる。この危険のプールと分散が保険の原理である。すなわち、危険をプールすることによって次のことが可能となる。

- 損害を同質かつ多数の危険集団によって分散すること
- 大数の法則によって将来発生するであろう損害をある程度正確に予測すること

③ 偶然な損失

偶然な損失とは予測しえない偶然な事故によって生じた損害のことである。したがって、故意に発生させた損害に対して保険金は支払われない。もし、故意に発生させた損害に対

して保険金が支払われると、モラル・ハザードが増大し、結果として保険料が上昇して契約者が保険料負担に耐えられなくなったり、保険者（保険会社）や善意の契約者が保険市場から退出するなど、ついには保険制度そのものが成り立たなくなってしまう。なお、モラル・ハザードとは、被保険者のリスクに対する注意義務が阻害され、人為により事故を招致する可能性のある状態をいう。たとえば、保険金目当ての放火や自動車事故の偽装など故意の事故招致や意図的に事故発生の可能性を高めることをいう。

④ 損害のてん補

損害のてん補とは、保険が付保されている対象に損害が生じたときに、保険会社が保険金を支払うことをいう。

(2) 損害保険の原則

前述の基本的な仕組みを成り立たせるために、損害保険には大数の法則、収支相等の原則、給付・反対給付均等の原則および利得禁止の原則が備わっていなければならない。

① 大数の法則

保険料算定の基礎数値の1つである保険事故の発生率は、大数の法則に立脚した統計的確率であり、個々には偶発的な事故でも大量に観察することにより、その発生率を全体として予測できる。損害保険は原則としてこの大数の法則に基づく確率から保険料率を算出している。

② 収支相等の原則

保険事業が健全に運営されるためには、「各保険契約者が支払う保険料の総額とその運用益の合計」が「支払われる保険金の総額と経費等の合計」に等しくなければならない。保険契約ごとに見れば収支バランスはとれていなくとも、保険契約全体で見て収支バランスが保たれるようになっていなければならない。

③ 給付・反対給付均等の原則

保険料負担者からみると各人が支払う純保険料は、偶然な事故が発生した場合に各人に支払われる保険金とその保険金が支払われる確率を乗じたものに等しくなければならない。これを給付・反対給付均等の原則といい、各人の保険料負担がその危険に応じて、公正になされなければならないことを意味している。

すなわち、公正に算出された保険料とは、全体としての合計純保険料と合計保険金が等しくなると同時に、各保険契約者にとっても純保険料の支払額と保険金の期待受取額が等しくなる保険料水準を意味する。

④ 利得禁止の原則

損害保険は損害をてん補するものであって、保険金が支払われることによって利益を得るものであってはならない。この原則を利得禁止の原則という。保険に加入している場合に、事故が発生したときに利得となる仕組みであれば、事故の発生を誘発することになるため、公序良俗に反するものとして社会的に認められない。

❷ 損害保険料の仕組み

保険契約者が損害保険会社に支払う保険料(これを営業保険料という)の内訳は、前述のとおり、保険事故の際に保険金の支払に充てる「純保険料(率)」と、損害保険会社の経費(社費)および利益(利潤)、代理店への手数料等に充てる「付加保険料(率)」に分けられる。積立型の保険の場合には、将来、保険の満期時に満期返戻金を契約者へ返戻するための原資となる「積立保険料」が別途加算される。

一般的に、「純保険料(率)」は**予定損害率**に基づき、「付加保険料(率)」は**予定事業費率**に基づき算出される。また、「積立保険料」は**予定利率**等に基づき算出される。

各損害保険会社は、原則として独自に保険料率を算出する。なお、自動車保険、火災保険、傷害保険などは、損害保険料率算出機構が、「純保険料(率)」について参考純率を算出しており、各保険会社はこれを参考に「純保険料(率)」を定め、これに各社独自の「付加保険料(率)」を加えて保険料を設定するのが一般的である。

❸ 保険契約と保険金

(1) 保険契約

保険契約は、民法上、保険契約者と保険会社との諾成契約であり、保険法では、損害保険契約の定義および目的を以下のように定義している。

- 損害保険契約の定義:保険契約のうち、保険者が一定の偶然の事故によって生ずることのある損害をてん補することを約するものをいう(保険法2条6号)。
- 損害保険契約の目的:損害保険契約は、金銭に見積もることができる利益に限り、その目的とすることができる(同3条)。

　契約内容は保険約款に定められており、普通保険約款と、その内容を補充・変更する特別約款（特約条項）からなる。

　普通保険約款は、保険契約の標準的内容、契約者と保険会社の権利・義務などについて規定している。一般的には、保険金を支払う場合・支払わない場合、保険金の支払方法、告知義務、通知義務、保険契約の無効・失効、損害発生時等の手続などが記載されている。特別約款（特約条項）は普通保険約款の内容を補充・変更するもので、補償の範囲を広げる、または限定する場合などは、詳細規定を定めた特別約款（特約条項）を付帯する。なお、特別約款（特約条項）は、普通保険約款に優先して適用される。

　なお、損害保険契約には、契約締結にあたり、危険（損害の発生の可能性または給付事由の発生の可能性）に関する重要な事項のうち保険会社等が告知を求めた事項について事実を告げる告知義務と、保険期間の中途で危険が増加する事実が生じた場合などに保険会社等に連絡する通知義務がある。故意または重大な過失によりこの義務に違反すると、契約は解除となり、保険金は支払われない。

(2) 保険金額と保険価額

　契約時に、保険会社が損害のてん補のために支払う限度額として当事者間で契約した金額を保険金額、保険事故の発生によって被保険者が被る可能性のある損害の限度額を保険価額という。

　損害保険は利得禁止の原則により、原則として保険金額の範囲内で保険価額を上限とした実際の被害額が、保険金として支払われる。ただし、保険金額と保険価額の関係により「全部保険」「一部保険」「超過保険」の概念が存在し、保険金の支払われ方が異なる。同一の保険の目的における同一の危険に対し、同一期間中に2つ以上の保険が契約されていることを「重複保険」という。なお、複数の保険契約の保険金額の合計額が保険価額を超える重複保険を狭義の重複保険という。

① 全部保険

「保険金額＝保険価額」となっている保険契約。

損害保険金は保険金額を上限に実際の損害額の全額が支払われる（実損てん補）。

② 一部保険

「保険金額＜保険価額」となっている保険契約。

損害保険金は保険価額に対する保険金額の割合によって決まるが、この保険金の支払い方を比例てん補といい、次のように計算される。

第3章

比例てん補の損害保険金

$$損害額 \times \frac{保険金額}{保険価額}$$

ただし、火災保険などの場合は、分母の金額を「保険価額×一定割合（80％など）」と置き換えて計算する。つまり、保険価額の一定割合以上の保険金額で契約している場合は、保険金額を上限に実損てん補で保険金が支払われる。

③ 超過保険

「保険金額＞保険価額」となっている保険契約。

利得禁止の原則から、超過部分に対する保険金の支払は原則として行われない。なお、超過保険には次のような取扱いがある。

　a．契約の締結時において超過保険であることに対し保険契約者および被保険者が善意かつ重大な過失がなかったときは、保険契約者はその超過部分について契約を取り消すことができる。この場合、保険始期に遡及して超過部分の保険料が返還される。

　b．一方で、契約の締結時において、保険契約者が契約時に超過保険であることを理解したうえで契約した場合（たとえば、近々予定している増築後の金額で契約することを希望する等）は超過保険であっても契約として有効である（この場合、超過保険の取消しはできず、保険金は事故発生時の保険価額が限度となる）。

たとえば、保険事故発生時の保険価額（時価）2,000万円の建物に、保険金額3,000万円で火災保険を契約しており、その建物が全焼（損害額2,000万円）した場合、契約者の意向にかかわらず保険金は2,000万円までしか支払われないが、契約時の契約者の意向により保険料の返還の有無が変わってくる。

④ 重複保険

重複保険の場合でも、支払われる保険金の額が合計で保険価額を超えることはない。

重複保険がある場合、保険金の支払請求を受けた保険会社は原則として他の保険契約がないものとして算出した損害額に対して保険金額を限度に保険金を支払い、本来の負担分を超えて保険金を支払った保険会社は後日その超過分を他の保険会社に求償する（ただし、実際の損害額以上に被保険者に保険金が支払われることはない）。

なお、契約者は、契約申込時点で、他の保険契約の有無を告げなければならない告知義務を負う。

また、保険会社（保険募集人）には、契約締結または加入の適否を判断する際に必要となる情報の顧客への提供（情報提供義務）、顧客が申し込もうとする契約の内容がニーズ

に沿ったものであるかの確認および必要な事項の説明（意向把握義務）が義務付けられている。この1つとして、補償の重複の可能性がある他の保険契約の有無を顧客に確認することとされている。

❹ 損害賠償と法律知識

(1) 損害賠償

① 損害賠償の概要

日常生活を送るなかで、物を壊したり、ケガをさせたりする等で他人に不利益（損害）を与えてしまうと、損害賠償の責任を負う場合がある。この損害賠償とは、法律上の義務として、責任に応じて他人に与えた損害を賠償し、損害がないのと同じ状態にすることをいう。損害賠償の対象となるものは、財産的な損害だけでなく、精神的損害（慰謝料）も含まれる。

損害賠償責任は、民法上、次のように不法行為や債務不履行があった場合に発生する。

a．不法行為責任（民法709条）

故意または過失によって、他人の権利または法律上保護される利益を侵害した者（加害者）は、被害者に対し、これによって生じた損害を賠償する責任を負う。

b．債務不履行責任（民法415条）

契約の当事者である債務者が自分の責任で契約上の義務を果たせなかった場合、債務者は債権者に対して、その損害を賠償する責任を負う。

この不法行為責任と債務不履行責任は、ともに他人に損害を与えた場合に生じる責任であるが、異なる点は、債務不履行責任があらかじめ契約関係にある者の間で成立するのに対し、不法行為責任はこのような契約関係を前提とせずに成立する点である。

不法行為などにより損害賠償責任が発生し、被害者が法律上の損害賠償請求権を取得しても、加害者に賠償資力がなければ、現実には被害者は救済されない。また、加害者にとっても一時的に多額の損害賠償金を負担することは容易なことではない。そこで、損害保険会社では、自動車保険や各種賠償責任保険といった損害保険商品を提供し、偶然の事故で加害者が法律上の損害賠償責任を負った場合の損害をてん補することにより、結果として被害者救済を図っている。

② 時効

損害賠償請求権は、次の一定期間行使しないと時効により消滅することになる。

ａ．損害賠償請求権の時効

民法（債権法）の改正により、2020年4月以降、損害賠償請求権の時効に、人の生命・身体の侵害による損害賠償請求権の特則が新設され、次のように定められている。

ⅰ 人の生命または身体の侵害による損害賠償請求権

- 不法行為 ：損害および加害者を知った時から **5年**
  不法行為の時から**20年**
- 債務不履行：権利を行使することができると知った時から **5年**
  権利の行使ができる時から**20年**

ⅱ 上記以外の損害賠償請求権

- 不法行為 ：損害および加害者を知った時から 3年
  不法行為の時から20年
- 債務不履行：権利を行使することができると知った時から 5年
  権利の行使ができる時から10年

ｂ．保険金の請求権の時効

- 時効の起算点から **3年**

注 「時効の起算点」は、自賠責保険の加害者請求では、損害賠償金を支払った時であり（分割払いでは個々に支払った時）、被害者請求では、損害および加害者を知った時（政府保障事業と同様）。傷害は事故発生日の翌日、死亡は死亡日の翌日、後遺障害は症状固定日の翌日とされる。自動車保険（任意保険）の対人・対物賠償責任保険では、加害者が負担する法律上の損害賠償責任の額が示談・判決などにより確定した時。

(2) 自動車事故と法律

① 人身事故の場合

自動車による人身事故では、民法の特別法である自動車損害賠償保障法（自賠法）の規定が優先して適用され、次に自賠法に規定のない事項について一般法である民法の規定が適用される。自賠法は、自動車の運行による人身事故において「被害者の保護（救済）を図ること」「自動車運送の健全な発達に資すること」を目的として制定されている。

同法では、一般の不法行為における被害者側の立証責任を免除し、「自己のために自動車を運行の用に供する者（運行供用者）」が、自動車の運行によって第三者の生命・身体に損害を与えた場合は原則として損害賠償責任を負うこととし、無過失責任に近い責任を負わせることで、被害者の損害賠償請求を容易にしている。

このため、原則としてすべての自動車（原動機付自転車を含む）は、自賠責保険（自動車損害賠償責任保険）に加入していないと運行できず（自衛隊車や構内専用車等一部の車両は適用除外車としてその対象外であるが、自賠責保険に加入することもできる。また、農耕作業用に製作された小型特殊自動車は自賠責保険に加入できない）、万一、人身事故を起こした場合でも、被害者に対する基本的な補償ができるようになっている。

また、ひき逃げにあったり、無保険車にひかれた被害者を救済するために、政府は自動車損害賠償保障事業（政府保障事業）を行っており、被害者は直接政府の保障事業に請求すれば補償を受けることができる（加害者からの請求はできない）。ただし、被害者が健康保険や労働者災害補償保険など社会保険から給付を受けることができる場合、その金額が差し引かれる。なお、自賠責保険のような仮渡金の制度はない。受付窓口は各損害保険会社であり、支払限度額（保険金額）は自賠責保険と同じである。

② 物損事故の場合

自賠法は適用されず、民法の不法行為の規定が適用される。

③ 過失相殺

加害者と被害者との間の損害の公平な分担の見地から、損害の発生または拡大に関し、被害者側にも過失があるとき、当該過失相当分を損害賠償の金額から減額することをいう。

④ 親族間事故

父母、配偶者、子等、親族間に対して負う法律上の損害賠償責任は、民間の各種賠償責任保険では補償されない。したがって、これらの家族を死傷または家族の財物を破損させた場合は、自動車保険の対人・対物賠償責任保険でも免責となっている（兄弟姉妹を除く）。ただし、自賠責保険では、被害者が運行供用者または運転者の地位にない場合は、相互に扶養義務のある親族であっても「他人」とみなし、対人賠償として保険金の支払の対象としている。

(3) 火災事故と法律

故意または過失による火災（以下「失火」という）が他人の家に延焼し、類焼損害を与えてしまった場合等には、民法の不法行為に関する規定により、原則として賠償責任が発生するが、その過失の程度が軽い場合（軽過失）は民法の規定に優先して、「失火の責任に関する法律（失火責任法）」が適用され、賠償責任は免除される（爆発事故の場合を除く）。その失火が重大な過失（重過失）により生じた場合には、民法の原則どおり、失火者が損害賠償責任を負うこととしている。

つまり、延焼による被害を受けても、失火者の軽過失による場合には、失火者が損害賠

第3章

償責任を負わないこととなるため、建物等の所有者は、自らの失火（自家火）はもちろん、このようなもらい火（類焼）に備え、火災保険に加入しておくことが損害防止策となる。

注 故意による火災、すなわち放火の場合には、当然のことながら失火責任法の適用はなく、民法の規定が適用され、損害賠償責任が発生する。

　なお、失火責任法は民法709条（不法行為による損害賠償）の特別法であり、債務不履行責任には及ばない。すなわち、失火により賃貸住宅などの賃借物を焼失させた場合には、失火責任法の適用はなく、賃貸借契約書に沿った「借りた当時の状況で返す（原状回復）」義務を果たせなくなるため、貸主に対し債務不履行に基づく損害賠償責任が生じる。このような場合の賠償資力の確保策として、借家人は自己の家財（生活用動産）等を対象とした火災保険契約に借家人賠償責任補償特約等を付帯して備えておくことが必要である。

実務上のポイント

- 政府の自動車損害賠償保障事業では、加害者からの損害てん補の請求は認められていない。
- 政府の自動車損害賠償保障事業では、被害者が健康保険や労災保険などの社会保険からの給付を受けることができる場合には、その金額が差し引かれててん補される。
- 政府の自動車損害賠償保障事業では、被害者が仮渡金の支払を請求することはできない。
- 軽過失による失火の場合、「失火責任法」が適用され、損害賠償責任が免除される。
- 「失火責任法」の対象となる軽過失の失火には、爆発事故は含まれない。
- 借家人が賃貸住宅を焼失させた場合、借家人の過失の程度にかかわらず、債務不履行に基づく損害賠償責任が生じる。

第 **2** 節

損害保険商品

損害保険は、たとえば、損害の補償対象により、次のように分類することができる。

① 「物」の損害に対して保険金を支払う物保険

② 事故により「人」の身体に発生した傷害・疾病に対して保険金を支払う人保険

③ 他人を死傷させたり、他人の物を壊して法律上の損害賠償責任を負うことにより被る損害に対して保険金を支払う賠償責任保険

④ 得られたはずの利益の損失や負担を余儀なくされる支出に対して保険金を支払う費用・利益保険

個人・家庭のリスクや企業を取り巻くリスクに備える主な保険を整理してみると〔図表3－1〕〔図表3－2〕のようになる。

❶ 自動車の保険

(1) 自動車損害賠償責任保険（自賠責保険）

自動車損害賠償責任保険（自賠責保険）は、自動車損害賠償保障法（自賠法）に基づく人身事故を対象とし、自動車事故の被害者救済および加害者の賠償能力の確保のための強制保険で、原則としてすべての自動車と原動機付自転車に加入が義務付けられている。これを怠ると、1年以下の懲役または50万円以下の罰金、および違反点数6点、免許停止処分の対象となる。

自賠責保険の保険料は、自動車の車種や保険期間（車検期間）に応じて定められ、保険会社、運転者の範囲、年齢、自動車の走行距離による差はない。自動車の運行供用者（自動車の保有者・運転者）が自動車の運行によって他人を死傷させ、法律上の損害賠償責任を負った場合に保険金が支払われる。

死亡保険金は被害者1名につき3,000万円、傷害保険金は別枠で120万円である。後遺障

〔図表3-1〕個人、家庭のリスクに備える主な保険

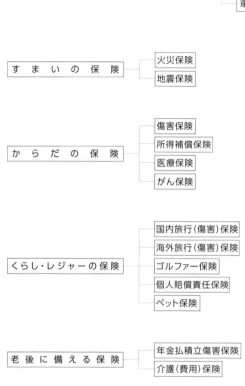

くるまの保険 ── 自賠責保険

自動車保険 ── 対人賠償責任保険
　　　　　　── 対物賠償責任保険
　　　　　　── 人身傷害(補償)保険
　　　　　　── 搭乗者傷害保険
　　　　　　── 車両保険

(注)
ニーズに応じて左記の保険を単独または組み合わせる

すまいの保険 ── 火災保険
　　　　　　── 地震保険

からだの保険 ── 傷害保険
　　　　　　── 所得補償保険
　　　　　　── 医療保険
　　　　　　── がん保険

くらし・レジャーの保険 ── 国内旅行(傷害)保険
　　　　　　　　　── 海外旅行(傷害)保険
　　　　　　　　　── ゴルファー保険
　　　　　　　　　── 個人賠償責任保険
　　　　　　　　　── ペット保険

老後に備える保険 ── 年金払積立傷害保険
　　　　　　　── 介護(費用)保険

〔図表3−2〕企業（事業活動）のリスクに備える主な保険

| 自 動 車 の 保 険 | 自動車損害賠償責任保険（自賠責保険） |
| | 自動車保険 |

建物・什器備品・機械設備・商品・情報セキュリティーの保険	火災保険
	動産総合保険
	コンピュータ総合保険
	盗難保険
	機械保険
	ガラス保険
	サイバー保険

輸送に関する保険	運送保険
	貨物海上保険
	船舶保険
	航空保険
	船客傷害賠償責任保険

賠償責任の保険	生産物賠償責任保険（PL保険）
	施設所有（管理）者賠償責任保険
	自動車管理者賠償責任保険
	会社役員賠償責任保険（D&O保険）
	個人情報漏えい保険

工事・組立の保険	建設工事保険
	組立保険
	土木工事保険

| 労 災 の 保 険 | 労働災害総合保険 |

費用・利益の保険	企業費用・利益総合保険
	店舗休業保険
	興行中止保険
	生産物回収費用保険

信用リスクに関する保険	信用保険
	保証保険
	公共工事履行ボンド

第3章

害保険金は程度に応じ3,000万（第 1 級）〜75万円（第14級）である（ただし、常に介護を要する重度の後遺障害については4,000万円）。なお、一度保険金が支払われても、保険期間中の保険金額は自動的に契約時の保険金額に復元する。また、 1 つの事故で加害車両が複数ある場合、各々の自賠責保険から保険金が支払われる。

この自賠法によって定められた賠償責任は、人身事故の被害者を救済するため、一般の不法行為における場合と異なり、事実上の無過失責任である。すなわち、自動車の運行によって他人の生命や身体を害したときは、①自己および運転者が自動車の運行に関し注意を怠らなかったこと、②被害者、または運転者以外の第三者に故意・過失があったこと、③自動車に欠陥がなかったことの 3 つを立証できない限り賠償責任を免れない。

一方、被害者に対しても手厚い保障がなされており、被害者の過失割合が 7 割未満の場合は、過失相殺による減額は行われない。ただし、被害者の過失割合が 7 割以上となる重大な過失があった場合は、支払限度額から減額される重過失減額がある。

(2) 自動車保険（任意保険）

① 自動車保険の概要

任意保険の自動車保険は、自動車に関するあらゆる損害に備える保険で、一般的に対人賠償保険、対物賠償保険、人身傷害（補償）保険、搭乗者傷害保険、車両保険の組合せにより構成されている〔図表 3 - 3 〕。

また、現在の自動車保険の多くは、リスク細分型の仕組みを採用している。リスク細分型自動車保険とは、保険料算出の基準となるリスクを細かく区分し、それぞれのリスクに応じて保険料を設定する保険である。主なリスク区分には、運転者の年齢、性別、運転歴、使用目的、自動車の型式等がある。

② 保険料

自動車保険では、フリート契約かノンフリート契約かによって保険料体系が異なる。

a．フリート契約

保有・使用する自動車のうち、契約期間が 1 年以上の自動車保険を契約する自動車の合計台数が10台以上ある場合、フリート契約となる。なお、保有・使用する自動車の総契約台数には、異なる保険会社で自動車保険を契約している自動車も含まれる。

フリート契約の保険料の割増引率は、契約者単位で適用され、総契約台数、損害率、前年のフリート割増引率によって決まる。

b．ノンフリート契約

保有・使用する自動車が10台未満の場合、ノンフリート契約となる。ノンフリート契

約では、1台ごとに1等級から20等級に区分した**ノンフリート等級**別の保険料率が設定され、基本的には、新規は6等級から開始する（契約条件によっては7等級から開始する場合もある）。保険金支払事故があると、契約更新後の等級がダウンして保険料率が上がり、かつ**事故有係数**による割引率が適用される。

保険金支払事故は、以下に大別される（名称は各社で異なる）。

i　3等級ダウン事故（旧 等級ダウン事故）

他人にケガをさせて対人賠償保険金が支払われる場合や、車両同士の衝突により対物賠償保険金が支払われる場合、当て逃げに遭い車両保険金が支払われる場合等、下記のii、iii に該当しない事故

ii　1等級ダウン事故（旧 等級すえおき事故）

台風・洪水、盗難や飛び石でフロントガラスが割れる等の不可抗力の事故で車両保険金が支払われる場合（衝突事故等を除く）

iii　ノーカウント事故

人身傷害（補償）保険や搭乗者傷害保険、個人賠償責任特約など一定の特約のみが支払われる場合など

なお、3等級ダウン事故と1等級ダウン事故に該当する事故がなければ、契約更新後の等級は1等級上がる（例：12等級から13等級など。この結果、保険料が下がる）。

事故有係数は、同じ等級であっても、無事故でその等級に上がった場合（「無事故」の等級）と、事故でその等級に下がった場合（「事故有」の等級）で、保険料の割引率に差をつける制度であり、「事故有」の等級のほうが保険料は高くなる。

3等級ダウン事故の場合3年間、1等級ダウン事故の場合1年間が「事故有」の等級が続く期間（**事故有係数適用期間**）とされる。適用期間中に事故がなければ「無事故」の等級に戻るが、適用期間中に再び事故を起こすと、6年を限度に適用期間が延長される。

車両の売却や廃車等により自動車保険契約を一時的に中断する場合、中断証明書の取得により、所定要件を満たせば、保険会社を問わず、中断後の新契約に中断前の契約の等級が継承できる。

③　近年の動向

a．各種の特約

もらい事故時などに弁護士に法律相談をする費用等を補償する特約、故障により車両をレッカー搬送した際の費用を補償する特約、衝突時に自動で保険会社へ事故連絡と映像送信がされる機能が付いたドライブレコーダーが貸与される特約など、各社とも多種多様な特約をオプションとして用意している。

〔図表3-3〕各種自動車保険（任意保険）の特徴

対人賠償保険	被保険自動車の所有、使用、管理に基因して他人（被保険者、被保険者の配偶者・親・子は補償の対象外）を死傷させ、法律上の損害賠償責任を負うことによって被る損害（過失相殺後の金額）のうち、自賠責保険で支払われる金額を超える部分に対し保険金が支払われる。1事故で複数の被害者がいる場合は、各被害者に対し保険金額を限度として保険金が支払われる（無制限での契約可）。 なお、被害者救済の観点から、運転者が無免許、酒酔い、麻薬服用などでの運転による事故も、保険金支払の対象としている。
対物賠償保険	自動車の所有、使用、管理に基因して他人（被保険者、被保険者の配偶者・親・子は補償の対象外）の財物に損害を与え、被保険者が法律上の損害賠償責任を負う場合（過失相殺後の金額）に保険金が支払われる（無制限での契約可）。 なお、被害者救済の観点から、対人賠償保険と同様、運転者が無免許等の運転による事故も、保険金支払の対象としている。
人身傷害（補償）保険	被保険者が自動車事故で死傷したり後遺障害を被った場合に、示談を待たずに、自己の過失部分を含めて、保険金額を限度に損害額の全額が自己の保険会社から支払われる。単独事故の場合も補償される。また、「被保険自動車に搭乗中のみ補償」「他の車両に搭乗中も含めて補償」「道路歩行中までも含めて補償」など補償範囲を任意で選べる保険会社もある。
搭乗者傷害保険	被保険自動車（の正規の乗用構造装置のある室内）に搭乗中の人が、被保険自動車の運行等に基因する急激・偶然な外来の事故により身体傷害を被ったときに、契約時に決めた保険金（死亡保険金、後遺障害保険金および医療保険金）が支払われる。
車両保険	被保険自動車につき、衝突、接触、火災、爆発、盗難、台風、高潮、洪水などの偶然な事故によって生じた損害に対して保険金が支払われる。被保険者の法令違反等による事故は免責となる。 車両保険には「一般条件（一般車両保険）」「エコノミー＋限定A（車対車＋A）」「エコノミー（車対車）」「限定A」の4種類がある。一般的に、当て逃げ事故（保険会社による）、相手のいない単独事故等については「一般条件」でなければ補償されない。パンクによるタイヤの損害は補償対象外。 なお、地震・噴火・津波による損害は補償対象外だが、特約を付帯した場合に限り、50万円（車両保険の保険金額が限度）を補償することができる。

b．各種ニーズに対応した割引制度

新車割引、セカンドカー割引、エコカー（ハイブリッドカー、電気自動車）割引、先進安全自動車（ASV）割引、福祉車両割引、イモビライザー（盗難防止装置）割引、ノンフリート多数割引、インターネット割引、証券不発行割引、走行距離割引など、各社でさまざまな割引制度がある。

c．テレマティクス自動車保険

テレマティクスとは、テレコミュニケーション（通信）とインフォマティクス（情報工学）とを組み合わせた造語で、車に双方向の通信システム等を搭載し各種のサービス

提供を行うことを意味するが、自動車保険では、運転者ごとの「走行距離」や「運転の特性（アクセルやブレーキの操作状況などの安全運転指向等）」等の情報を取得・評価して保険料に反映させる仕組みを指す。日本でも、「走行距離」に続き、「運転の特性」を織り込んだ自動車保険が一部の保険会社で商品化されている。

d．1日自動車保険

　車を所有していない人が、他人から車を借りて運転するときなど、必要な時に必要な日数だけ都度加入することができる自動車保険である。なお、半日単位で加入できる商品を扱う保険会社もある。

❷ 建物と動産の保険

(1) 火災保険

①　火災保険の概要

　火災保険は、建物（住宅、店舗、事務所、工場等）やその収容動産（家財、什器、設備、商品、原材料、製品等）に生じた火災、落雷、爆発、風水災等による損害や、臨時費用、残存物取片付け費用、隣家の火災時の消防活動により被った損害などについて保険金が支払われる保険である。

　ただし、風災等により建物等の外部に破損がない場合、風・雨・雹・雪・砂塵等の建物内部への吹込み・浸込み・漏入等により生じた損害は補償の対象とならない。また、経年劣化による損害、シロアリの食害による損害、被保険者の故意や重大な過失による損害、自宅敷地内に駐車中の自動車（原動機付自転車や自転車を除く）の損害なども補償の対象とならない。

　火災保険では、地震による火災で生じた建物の損害については一定の費用保険金が支払われることもあるが、地震により建物または家財が直接受けた損害は補償されない。それらの補償を得るためには地震保険に加入する必要がある。

　建物と収容動産（家財等）は別々に保険金額を設定して契約する（いずれか一方のみを対象とすることもできる）。建物の契約では、門、塀、垣、物置、車庫等も補償の対象とすることができる。また、収容動産は原則として家財一式、収容動産一式等でまとめて契約するが、貴金属や宝石または書画・骨とうなどの美術品等で1個または1組の価額が30万円を超えるものは、一般的に明記物件として個別に申告して契約する必要がある。通貨、

〔図表3−4〕火災保険に付帯できる主な特約

特約の種類	特約の内容
価額協定保険特約	建物は再調達価額（新価額）または時価額（再調達価額−経年減価額）に、所定の約定付保割合（通常100％）を乗じて保険金額を定め、保険金額を限度として損害額の全額を支払う。全損の場合は特別費用保険金を支払う（ただし、保険金額の設定を再調達価額（新価額）でしか契約できない保険が主流となっており、当該特約が存在しない保険会社もある）。
個人賠償責任特約	日常生活や住宅の所有・使用・管理に起因する事故により被保険者が負担する法律上の損害賠償責任を補償する。
借家人賠償責任特約	借用戸室に被保険者の失火等による損害が生じた場合、貸主に対して負担する法律上の損害賠償責任を補償する。
借用建物修理費用特約	賠償責任を伴わない火災等の事故によって借用住宅に損害が生じた場合、被保険者が貸主との契約に基づいて、自己の費用で修理したとき、その修理費用を補償する。

　有価証券等は、一般的に盗難損害の場合は定額まで補償されるが、火災等の場合は対象外である。

　保険料は一般的に建物の構造（専用住宅の場合、保険料が割安な順にＭ・Ｔ・Ｈ構造の3区分）と所在地（都道府県別）に応じて異なる。また、保険金額は、事故や災害に遭った時点で同一のものを新たに取得するための再調達価額（新価ともいう）で契約するのが一般的である。

　火災保険に付帯できる主な特約には、〔図表3−4〕のようなものがある。

　また、火災保険の保険期間は、1年単位で選択することができ、最長5年（2022年10月改定）となっている。

② 契約形態の現状

　従来の火災保険は、住宅火災保険、住宅総合保険、店舗総合保険、団地保険等、商品種類が多彩であったが、現在では保険会社各社でラインナップの簡素化が進んでいる。ただし、各社の商品の特徴はさまざまであり、商品内容は従来よりも多様化している。

　現在の個人向けの火災保険の多くは、「すまいの保険」などと称されており、保険会社により補償する範囲等がやや異なる。

　保険料は、保険の目的を建物か収容動産かで分け、次に建物の使用目的を個人の住宅用・店舗併用住宅用・賃貸住宅用等で分け、さらに建物の構造をＭ構造・Ｔ構造・Ｈ構造等で分けることで保険料率を区分している。補償内容としては、従来型の保険では充分に補償しきれなかった水災や風・雹・雪災害等の実損害額を補償し、不測な事態による建物や家財の破損等を新たに補償に加えるものから、補償対象となる災害を従来型商品よりも

任意で絞り込むことで保険料を割安に設定できるものなど、さまざまである。

　一方、事業用建物向けでは、単独の火災保険等ではなく、補償一元化による保険料コスト削減のニーズを背景に、業種ごとに財物保険や賠償責任保険等を統合した商品を推奨している保険会社が多い。

　なお、損害保険料算出機構は、2023年６月に水災に関する料率を市区町村単位に細分化することを含めた参考純率の改定届出を金融庁に行った。これを受けて各保険会社は、物件が所在する市区町村単位の保険料体系（現在は都道府県単位の保険料体系が大多数）とする火災保険の改定を2024年度以降に行う予定である。

（2）地震保険

　地震保険は、地震・噴火またはこれによる津波を原因とする火災・損壊・埋没・流失による損害を補償する保険である。地震等の発生に伴って生じた紛失や盗難による損害は、対象とならない。

　地震保険契約は、居住用建物（店舗併用住宅も可）と生活用動産（家財）を補償の対象として火災保険に付帯する方式で契約する。既加入の火災保険がある場合は、中途付帯も可能である。生活用動産には、現金、有価証券、１個または１組の価額が30万円を超える貴金属、宝石等は含まれず、明記物件として個別に契約することもできない。

　保険金額は、火災保険契約の保険金額の30〜50％で設定し、かつ建物5,000万円、家財1,000万円が限度となる。

　地震、噴火またはこれによる津波を直接あるいは間接の原因とする火災、損壊、埋没または流失により保険の目的について生じた損害が、全損、大半損、小半損、または一部損に該当するときにそれぞれ保険金額（時価を上限）の100％、60％、30％、５％の保険金が支払われる〔図表３−５〕。ただし、地震の発生した日の翌日から起算して10日を経過した後に生じた損害は補償されない。また、１回の地震により、政府と損害保険会社が支払う保険金総額の限度額は、2024年３月時点では12兆円となっている。72時間以内に生じた２回以上の地震等は「１回の地震」とみなす（被災地域がまったく重複しない場合は除く）。

　なお、保険料は保険会社による差はなく、建物所在の都道府県と、建物構造（木造・非木造）により決まり、耐震性能などに応じた各種割引制度がある（割引の重複適用はできない。また、所定の適用要件がある）〔図表３−６〕。また、保険期間は主契約の火災保険の保険期間を限度に最長５年となっている。

〔図表3－5〕地震保険における保険金の支払割合

損害の程度・状況			保険金の支払
建物	全　損	● 主要構造部の損害額が建物の時価の50％以上の場合 ● 焼失・流失した部分の床面積が延床面積の70％以上の場合	保険金額の100％ （時価が限度）
	大半損	● 主要構造部の損害額が建物の時価の40％以上50％未満の場合 ● 焼失・流失した部分の床面積が延床面積の50％以上70％未満の場合	保険金額の60％ （時価の60％が限度）
	小半損	● 主要構造部の損害額が建物の時価の20％以上40％未満の場合 ● 焼失・流失した部分の床面積が延床面積の20％以上50％未満の場合	保険金額の30％ （時価の30％が限度）
	一部損	● 主要構造部の損害額が建物の時価の3％以上20％未満の場合 ● 建物が床上浸水または地盤面より45cmを超える浸水を受け損害が生じた場合で全損・大半損・小半損に至らない場合	保険金額の5％ （時価の5％が限度）
家財	全　損	● 損害額が家財の時価の80％以上の場合	保険金額の100％ （時価が限度）
	大半損	● 損害額が家財の時価の60％以上80％未満の場合	保険金額の60％ （時価の60％が限度）
	小半損	● 損害額が家財の時価の30％以上60％未満の場合	保険金額の30％ （時価の30％が限度）
	一部損	● 損害額が家財の時価の10％以上30％未満の場合	保険金額の5％ （時価の5％が限度）

〔図表3－6〕地震保険料の各種割引制度（重複適用はできない）

種　類	割引率		適用要件
耐震診断割引	10％		● 改正建築基準法（1981年6月1日施行）の耐震基準と同等の耐震性能を有する建物である場合
建築年割引	10％		● 1981年6月1日以降に新築された建物
免震建築物割引	50％		●「住宅の品質確保の促進等に関する法律」（品確法）に基づく免震建築物である場合
耐震等級割引	耐震等級1 耐震等級2 耐震等級3	10％ 30％ 50％	●「品確法」または国土交通省「耐震診断による耐震等級（構造躯体の倒壊等防止）の評価指針」に基づく耐震等級を有している場合

(3) 動産総合保険

　自動車など一部の例外を除くあらゆる動産を対象とし、保管中、使用中、輸送中を問わず保険証券記載の補償地域内で生じた偶然な事故による損害に対して保険金が支払われる。ただし、保険の目的の瑕疵や自然の消耗、故意・重大な過失による損害、戦争・暴動等による損害に対しては、保険金は支払われない。

　契約形態としては、たとえば、美術品展覧会における美術品の展示中および展示場往復の輸送中の危険を補償する展示一貫契約などがある。

(4) 盗難保険

　特定場所に収容されている動産が、窃盗、強盗によって盗取、毀損もしくは汚損の損害を被った場合に、その所有者に対し保険金が支払われる。

　また、クレジットカードの盗難・紛失により他人に不正使用された場合に、カード会員が被る損害に対して保険金が支払われるクレジットカード盗難保険もある。

(5) 機械保険

　作業機械をはじめとする各種機械・設備・装置を対象とし、不測かつ突発的な事故（落雷などの外来危険だけでなく、誤操作や設計、材質、製作の欠陥による事故、電気的・機械的事故など）による損害に対し、その機械を稼働可能な状態に復旧するための修理費が保険金として支払われる。

　保険金額は再調達価額（当該機械と同種同能力のものを新たに取得するに足る価額）とし、保険金額までは修理費実額が支払われる保険である。

　なお、火災事故は保険金支払の対象とならない。

❸ 傷害保険

(1) 傷害保険の概要

　傷害保険では、被保険者が急激かつ偶然な外来の事故によってその身体に傷害を被り、その直接の結果として、①死亡したとき、②身体に後遺障害が生じたとき、③平常の生活や業務に支障があるため医師の治療を要したときに、保険金が支払われる（定額払い）。

なお、被保険者等の故意、疾病に基因する傷害、むち打ち症や腰痛で他覚症状のないもの等には保険金は支払われない。支払われる保険金は以下のとおりである。

a．死亡保険金

事故の日から180日以内に死亡した場合、保険金額の全額が、死亡保険金受取人が指定されているときはその受取人、指定されていないときには法定相続人に支払われる。

b．後遺障害保険金

事故の日から180日以内に後遺障害が生じたとき、その程度に応じ保険金額の所定の割合（例：100～4％）の保険金が被保険者に支払われる。

c．入院保険金

平常の生活あるいは業務ができなくなり入院した場合に、事故の日から所定の日数（180日等）を限度として、一般的に入院1日目から入院保険金日額の入院日数分が被保険者に支払われる。

d．手術保険金

入院保険金が支払われる場合で所定の手術を受けたとき、手術の程度に応じ入院保険金日額の一定倍率の保険金が被保険者に支払われる。

e．通院保険金

事故の日から180日以内の通院につき、所定の日数（90日等）を限度として、通院保険金日額の通院日数分が被保険者に支払われる。

（2）商品の種類

傷害保険は、単独商品以外にも自動車や建物の保険にセットされる場合（自動車保険の搭乗者傷害保険、従来型の住宅総合保険の交通傷害特約など）も多く、あるいは後述の賠償責任保険や費用保険と組み合わせた商品（ゴルファー保険など）も多い。傷害保険の代表的なものは次のとおりである。

a．普通傷害保険、家族傷害保険

国内外、業務中・業務外を問わず、日常生活における事故による身体傷害に対して前述の保険金が支払われる。交通事故はもちろん、ガス爆発・火災によるケガ、スポーツ・旅行中のケガ、ガス中毒、家庭内外の日常生活におけるケガなどに対して、健康保険、労災保険、賠償金などと関係なく支払われる。原則として傷害保険の対象とならないものとしては、細菌性・ウイルス性食中毒、熱中症、むち打ち症・腰痛・その他の症状で医師による他覚所見のないもの、地震・噴火またはこれらによる津波を原因とする傷害などが挙げられる。

なお、傷害保険における死亡保険金等の各種保険金は定額払いである。

保険料は一般的に、被保険者の職業（職種級別）に基づき定められる。普通傷害保険は傷害保険の基本型であり、被保険者1名ごとに契約する。

保険事故発生時における家族全員（記名被保険者、配偶者、記名被保険者または配偶者の同居親族や別居の未婚の子。契約締結後に誕生した子も対象）を被保険者として1保険証券により契約する傷害保険を家族傷害保険という。

b．交通事故傷害保険、ファミリー交通傷害保険

国内外を問わず、電車や自動車などの交通乗用具の搭乗中や、交通乗用具との接触、衝突による傷害、駅構内にいる間の傷害、建物・交通乗用具の火災による傷害に対し保険金が支払われる。

c．国内旅行（傷害）保険

国内旅行のため自宅を出てから帰宅するまでの間に被った傷害に対して保険金が支払われるほか、旅行中の細菌性・ウイルス性食中毒も保険金支払の対象となる。特約により、賠償責任、携行品損害、救援者費用などに対して保険金が支払われる。なお、地震、噴火、これらによる津波などによる傷害は、天災危険特約を付帯しない限り補償されない。

d．海外旅行（傷害）保険

海外旅行のため自宅を出てから帰宅するまでの間に被った傷害に対して保険金が支払われる。よって、海外旅行の行程中であれば、日本国内の事故による傷害に対しても保険金が支払われる。また、旅行中の地震などによる傷害等や細菌性・ウイルス性食中毒も保険金支払の対象となる。補償内容の組み合わせにより、疾病や賠償責任、携行品損害、救援者費用等の損害に対して保険金が支払われる。その他、医療通訳サービスや病院の予約、キャッシュレスでの治療等、さまざまなサービスを無料で提供する保険会社も多い。

なお、ケガで医師の治療を受けた場合、普通傷害保険や国内旅行（傷害）保険では入通院日数に応じた定額の入通院保険金が支払われるが、海外旅行（傷害）保険では治療費用保険金として、保険金額を限度に実際の費用を実損てん補するのが一般的である。

④ 賠償責任保険

被保険者が偶然な事故により他人に与えた身体傷害（これに起因する死亡を含む）や財

物の滅失、毀損、汚損につき、法律上の損害賠償責任を負うことによって被る損害に対し、保険金が支払われる。

対象となる損害には、賠償金のほか、損害の防止・軽減のために必要かつ有益な費用、事故発生時の緊急措置費用や保険会社の同意を得て支出した争訟費用なども含まれる。

企業分野においては、賠償責任保険の対象となるリスクは多種多様であるため、事故の種類ごとに普通保険約款にリスクに応じた特別約款を組み合わせ、てん補限度額（賠償責任保険では、保険金額に相当するものをてん補限度額または支払限度額という）を定めて契約する方式が一般的である。いずれの特別約款でも、契約者や被保険者の故意などによる損害は保険金支払の対象とならない。

なお、従来では事故の加害者（被保険者）の加入する保険契約の保険金は必ずしも被害者に支払われるとは限らなかった（たとえば、加害者が倒産した場合、保険金は加害者の他の債権の債権者への返還等に充てられてしまう可能性があった）。

保険法の施行により賠償責任保険の被害者に対し先取特権が付与されたことで、被害者は売掛債権の債権者などの他の債権者に優先して、保険金から損害賠償金の弁済を受けることとなった。このため、先に被害者に損害賠償金を支払う（または、被害者に保険金を直接支払うよう保険会社に支払指図する）か、被害者の承諾を受けることが、加害者（賠償責任保険の被保険者）が保険金を請求するうえでの条件となっている。

代表的な賠償責任保険は、以下のとおりである。

① 個人賠償責任保険

家族全員（記名被保険者、配偶者、記名被保険者または配偶者の同居親族や別居の未婚の子）が被保険者となり、個人が居住する住宅の管理や日常生活において生じた偶然な事故による法律上の損害賠償責任を対象とする。被保険者の続柄は、損害の原因となった事故発生時における続柄で判断される。

保険金の支払対象には争訟費用、弁護士費用、応急手当、護送のために要した緊急措置費用などが含まれるが、賠償金額の決定等には事前に保険会社の同意が必要である。また、被害者保護の観点から契約者・被保険者等の重大な過失による保険事故についても補償対象としている。なお、故意による事故、親族間の事故、業務上の事故、自動車（原動機付自転車を含む）の使用・運行等に基因する賠償事故は免責となる（ただし自転車は補償対象）。多くの場合、自動車保険や住宅向けの火災保険、傷害保険などの特約として付帯可能としている。

なお、自転車事故による高額な損害賠償事案や自転車保険の加入を義務（または努力義務）とする自治体の増加もあり、個人賠償責任保険に対する注目度は高まっている。また、

各社で補償範囲を拡大する流れとなっており、具体的には、従来は免責としていた、他人からの借物に対する損害賠償を補償するものや、認知症患者が引き起こした事故についてその法定監督義務者、親権者等を被保険者に含める商品も登場している。

② ゴルファー保険

ゴルフの練習、競技、指導中に起こした偶然の事故による法律上の損害賠償責任を対象とする。このほか、身体傷害および用具の損害、ホールインワン費用等に対しても保険金が支払われる。

③ 生産物賠償責任保険（PL保険）

製造・販売または提供した財物を他人に引き渡した後、あるいは請け負った仕事が終了した後、その財物の欠陥や仕事の結果に伴って生じた偶然な事故による法律上の損害賠償責任を対象とする。損害賠償金、争訟費用、応急手当等費用、損害防止軽減費用、保険会社への協力費用が保険金として支払われる。また、提供した財物そのものや作業した業務の費用を補償する「生産物・仕事の目的物損壊補償特約」「リコール（回収）費用補償特約」などの特約を付帯できる。

④ 施設所有（管理）者賠償責任保険

事務所、工場、店舗などの各種施設の所有、使用、管理またはその施設における業務の遂行に伴って生じた偶然の事故による法律上の賠償責任を対象とする。契約者である法人の従業員に対する損害賠償は、補償の対象にならない。

⑤ 請負業者賠償責任保険

建設工事、組立工事などの請負による仕事の遂行または遂行のための施設の所有、使用、管理に伴って生じた偶然の事故による法律上の損害賠償責任を対象とする。

⑥ 受託者賠償責任保険

他人から受託した財物の保管中に火災・盗難または取扱い上の不注意等によって、その受託物が損壊した場合に負担する法律上の損害賠償責任を対象とする。

⑦ 自動車管理者賠償責任保険

駐車場や修理工場で他人の自動車を預かる業者が、保管中の事故により預かった車に損害を与えた場合、業者が負担する法律上の損害賠償責任を対象とする。

⑧ 会社役員賠償責任保険（D＆O保険）

会社（法人）を契約者として、すべての役員（会社法上の取締役および監査役）を被保険者として契約する。一般的に無記名式で、保険期間中の退任者、新任者も対象となり、死亡した役員の相続人に対する請求も対象となる。

被保険者が会社の役員として業務上行った行為に起因して、保険期間中に株主や第三者

第3章

などから、損害賠償請求の提起を受けた場合、被保険者がこれによって被った損害や争訟費用などをてん補する。なお、被保険者が私的な利益または便宜の供与を違法に得たことや、インサイダー取引等を行ったことに起因する損害賠償請求による損害は、補償の対象とならない。

⑨ 個人情報漏えい保険

個人情報の漏えいまたはそのおそれが発生した場合、その企業が負担する法律上の損害賠償金および謝罪広告の掲載費用など事故対応のために支出した費用等を対象とする。

❺ 費用・利益に関する保険

① 企業費用・利益総合保険

企業の営業施設、設備等が火災、落雷、爆発、風水災などによって損害を被り、その結果営業活動が休止したり阻害されたために生じる休業損失や営業継続費用が補償対象となる。具体的には、営業利益の減少損害、営業休止中も負担が必要な固定費（従業員給料、地代・家賃、広告費など）や、仮店舗・仮工場借用費などの営業継続費用等を対象とする。

保険金額は、年間の「営業利益＋固定費」が基本となり、それに対し、1〜12カ月の範囲で補償期間の限度を設定する「約定てん補期間方式」、または、約定付保割合（10〜100％）を乗じて設定する「約定付保割合方式」のいずれかにより定められる。

② 興行中止保険

偶然な事故によりイベントなどが中止・延期または変更されるなどの影響を受けた場合の既支出費用や追加支出費用が対象となる。オーダーメイドの保険なので事前に保険会社と十分な打合せを要する。

❻ 積立型の保険

積立型の保険は、保険がもつ本来の補償機能が長期にわたることに加え、満期時には満期返戻金と、保険期間中に予定利率を上回る運用益が生じれば、契約者配当金も支払われる貯蓄機能を併せもっている保険である〔図表3−7〕。ただし、全損事故や全損に近い事故により、保険金が支払われた場合、契約はその時点で終了し、全損終了（または全損失効）として満期返戻金は支払われない。

〔図表3-7〕積立型の保険の仕組み

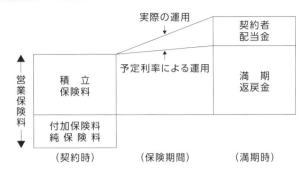

保険料は補償保険料と積立保険料で構成されている（その構成は個別の契約ごとに保険証券などで確認できる）。そのため、税務上の取扱いがやや複雑であり、ケースに応じた税務上の取扱いに注意する必要がある。また、契約者貸付制度も備えている。

この積立型の保険には、火災保険を基本とするものや、傷害保険を基本とするものなどがある。火災保険、傷害保険のいずれにおいても、保険期間は長期（3年以上）となっている。また、満期返戻金を年金方式で分割して受け取る年金払積立傷害保険などもある。積立型の保険は、事故がなければ保険料の全額が掛捨てとなる保険を好まず、補償と貯蓄を同時に得ることを希望する顧客からのニーズに応えられる商品となっている。ただし、昨今の低金利の継続等により、ほとんどの損害保険会社が販売を停止している。

7 その他の保険

(1) 労働災害に関する保険

労働災害総合保険は、従業員（被用者）の労災事故により事業主が被る一定の損害に対して、保険金が支払われる保険である。政府が実施している労災保険に加入している法人等が契約できる上乗せの保険であり、対象となる被用者には有期契約労働者や短時間労働者も含まれる（除外することは可能）。また、一般的に無記名方式であるため、途中で従業員等の入替えや増減があっても補償される。保険料の支払は、一般的に、契約時に平均被用者数または賃金総額の見込額に基づいて算出された暫定保険料を支払い、保険期間終了後に実際値に基づいて算出された確定保険料との差額を精算する方式となっている。

この保険は、以下の2つの保険から構成されており、いずれか1つまたは2つ同時に加入できる。

① 法定外補償保険

従業員の業務上災害（政府労災保険などによる給付が行われる場合に限る）につき、政府労災保険の上乗せ補償として、あらかじめ労使間で協定した法定外補償規程等に基づき、所定の保険金が支払われる。

② 使用者賠償責任保険

従業員の業務上災害につき、使用者が法律上の損害賠償責任（安全配慮義務違反など）を負担することにより支払うべき損害賠償金から政府労災保険による給付や法定外補償給付金などを控除した額や諸費用の保険金が支払われる。

(2) 信用リスクに関する保険

契約上の債務者が契約どおりにその債務を履行しなかったり、あるいはできなかった場合や、債務者の不法行為によって債権者が被った損害に対し保険金が支払われる保険で、信用保険、保証保険などがある。

① 信用保険

債権者が自己の債権を守る目的で利用する保険であり、保険契約者ならびに被保険者ともに債権者である。割賦販売契約や金銭消費貸借契約における割賦販売代金保険や個人ローン信用保険などがその代表的なものである。

② 保証保険

債務者が債権者の要請に応じて、保証人を立てたり、保証金を差し入れる代わりに加入する保険で、保険会社が保証人的役割を果たす。信用保険と同様、被保険者は債権者であるが、契約者は債務者となる。請負契約や売買契約における入札保証保険や履行保証保険がその代表的なものである。

③ 保証証券（ボンド）

保険会社が債権者に保証証券（ボンド）を発行することによって、債務者が所定の債務を履行することを、その債権者に対して保証するものである。主なものとしては、公共工事履行ボンドが挙げられる。

実務上のポイント

〈自賠責保険〉

- 保険料は、自動車の車種や保険期間（車検期間）に応じて定められ、保険会社、運転者の範囲・年齢、走行距離による差異はない。
- 1つの事故で加害車両が複数ある場合、保険金は各自賠責保険から支払われる。
- 被害者の過失割合が7割以上である場合、支払われるべき保険金は、重過失減額制度により被害者の過失割合に応じて減額される。

〈ノンフリート等級制度〉

- 契約者は1等級から20等級に区分される。
- 初めて契約する場合、6等級から開始する（契約条件によっては7等級）。
- 人身傷害（補償）保険や搭乗者傷害保険等、一定の特約のみの保険金が支払われた場合、「ノーカウント事故」に該当する。

〈火災保険〉

- 火災保険の対象となる住宅建物は、その構造により、通常、M・T・H構造に区分され、構造区分による保険料率は、H構造が最も高く、M構造が最も低い。
- 2022年10月以後の火災保険の保険期間は、1年単位で選択することができ、最長5年とされている。
- 居住用建物を対象とする火災保険では、住宅敷地内の門・塀・車庫等も補償の対象とすることができる。
- 家財を対象とする火災保険では、自宅敷地内の原動機付自転車・自転車も補償の対象となる（自動車は対象とならない）。

〈地震保険〉

- 地震保険では、地震等の発生に伴って生じた紛失や盗難による損害は、補償の対象とならない。
- 地震保険の保険期間は、主契約である火災保険の保険期間を限度に最長5年とされ

ている。

- 地震保険の損害区分と保険金額の割合は、全損（100%）、大半損（60%）、小半損（30%）、一部損（5%）の4区分となっている。
- 地震保険は、火災保険に付帯して契約するもので、単独で契約することはできない。
- 地震保険の保険料割引制度による割引率は、「耐震診断割引」が10%、「建築年割引」が10%、「免震建築物割引」が50%、「耐震等級割引」が建物の耐震等級に応じて10%・30%・50%の3区分となっている。

〈賠償責任保険〉

- 個人賠償責任保険では、被保険者の続柄は、損害の原因となった事故発生時における続柄で判断される。
- 個人賠償責任保険では、被保険者が自動車や原動機付自転車の運転中に起こした事故による損害賠償責任は補償の対象とならない（免責）。
- 生産物賠償責任保険（PL保険）は、製造・販売等した商品等を他人に引き渡した後、あるいは仕事の完了後に生じた事故による損害賠償責任を補償の対象とする。
- 施設所有（管理）者賠償責任保険は、施設の所有・使用・管理、またはその施設における業務遂行に起因する事故による損害賠償責任を補償の対象とする。

第 **3** 節

損害保険と税金

❶ 個人契約の損害保険と税金

(1) 保険料を支払ったとき

2006年度税制改正で、従前の損害保険料控除が改組され、地震保険料控除が創設された。

① 地震保険料控除の概要

個人（生計を一にする配偶者その他の親族を含む）の有する居住用家屋・生活用動産を保険または共済の目的とし、かつ、地震等損害によりこれらの資産について生じた損失の額をてん補する保険金または共済金が支払われる損害保険契約等に係る地震保険料の金額の合計額について一定の額をその年分の総所得金額等から控除する。居住の用に供していない別荘や、賃貸用不動産を対象とする地震保険の保険料は、控除の対象とならない。

なお、店舗併用住宅を対象とした地震保険の場合、原則として居住用部分に係る保険料のみが控除の対象となる。ただし、家屋全体のおおむね90%以上が居住用である場合は、全額を対象とすることができる。

また、地震保険の対象であった居住用建物が地震で全損となり、保険金が支払われて地震保険契約が終了した場合であっても、その年分に支払った地震保険料は控除の対象となる。なお、地震保険を付帯した火災保険部分の保険料は、控除の対象とならない。

② 地震保険料控除額

控除の対象となる金額は、支払保険料の額に応じて〔図表 3 − 8 〕のとおりである。

なお、複数年分の保険料を一括で支払った場合、「一括払保険料÷保険期間（年）」で算出される 1 年分の保険料相当額が毎年の控除の対象となる（全額を支払った年の控除の対象とすることはできない）。

〔図表3−8〕地震保険料控除の対象となる金額

●所得税

	支払った保険料の金額	控除される金額
①地震等損害保険契約	5万円以下	支払保険料の全額 (※1)
	5万円超	5万円
②長期損害保険契約 (※2)	1万円以下	支払保険料の全額
	1万円超	支払保険料×$\frac{1}{2}$+5,000円（最高1万5,000円）
①と②がある場合		最高限度額5万円

●住民税

	支払った保険料の金額	控除される金額
①地震等損害保険契約	5万円以下	支払保険料 (※1) ×$\frac{1}{2}$
	5万円超	2万5,000円
②長期損害保険契約 (※2)	5,000円以下	支払保険料の全額
	5,000円超	支払保険料×$\frac{1}{2}$+2,500円（最高1万円）
①と②がある場合		最高限度額2万5,000円

（※1）次の（ア）から（イ）を差し引いた後の金額をいう。
　（ア）地震等による損害部分に対する保険料または掛金
　（イ）地震等による損害部分に対する保険料または掛金の払込みに充てられた剰余金または割戻金の額
（※2）長期損害保険契約とは、2006年12月31日までに締結した損害保険契約等のうち、満期返戻金等のあるもので保険期間または共済期間が10年以上あり、2007年1月1日以後にその損害保険契約等の内容を変更していないもの（年金払積立傷害保険を含む）。

③ 経過措置

　2006年12月31日までに締結した「長期損害保険契約等」についても地震保険料控除の対象となり、従来の損害保険料控除と同様の金額の控除（所得税が最高1万5,000円、住民税が最高1万円）が適用される。また、地震保険料控除と長期損害保険契約等に係る控除を適用する場合には、控除額は合わせて所得税5万円、住民税2万5,000円が上限となる。

　なお、損害保険契約でも、所得補償保険などいわゆる第三分野の保険の保険料は、傷害保険の保険料を除き、生命保険料控除の対象となる。

（2）保険金を受け取ったとき

① 傷害保険

　個人が死亡保険金を受け取ったときは、受取人と保険料負担者との関係により、〔図表

〔図表3－9〕死亡保険金を受け取ったときに課される税金

	契約者（保険料負担者）	被保険者	受取人	課される税金
1	A	A	B	相続税
2	A	B	A	所得税・住民税（一時所得）
3	A	B	C	贈与税

（※）雇用主（法人または個人事業主）が役員・従業員のために保険料を負担していた場合は、役員・従業員個人が保険料を負担していたものとして取り扱われる。したがって、この場合、被保険者が役員・従業員である場合は、契約形態1に該当し、被保険者が役員・従業員の親族である場合は2または3に該当する。

3－9〕のとおり、所得税・住民税、相続税または贈与税のいずれかの課税対象となる。

傷害保険金（後遺障害保険金、医療費用保険金等も同様）については、保険料負担者が誰であるかを問わず、保険金は非課税である。この場合、保険金受取人は、被保険者本人であることを原則とするが、受取人が配偶者、直系血族または生計を一にする親族である場合は、自己の傷害に基因して受け取る保険金として非課税となる。

② **火災保険**

本人または本人と生計を一にする親族の有する家屋（居住用に限らない）や財産（生活用に限らない）など、資産の損失に基づいて支払われる保険金は非課税である。家屋等の損失額を、所得税の雑損控除または必要経費に算入する場合は、損失額から保険金の額を差し引いた額をもって雑損控除または必要経費の額とする。

③ **賠償責任保険**

賠償責任保険の保険金は、被害者またはその遺族が受け取る場合は非課税である。また、被保険者が被害者に支払うべきものとして受け取る保険金は、所得を構成しないものとして課税の対象とはならない。なお、個人事業主が受け取る収益補償や必要経費の補てんのための損害賠償金などは、課税の対象となる。

④ **自動車保険**

ａ．**対人賠償保険（自賠責保険を含む）**

被害者またはその遺族が損害賠償請求権に基づいて、自賠責保険金や、自動車保険の対人賠償保険の保険金を受け取ったときは、損害賠償金として非課税である。

ｂ．**車両保険、対物賠償保険**

資産の損害に対して支払われる損害賠償金や保険金は非課税である。車両損害等について雑損控除の適用を受けようとする場合は、損失額から保険金の額を差し引く必要がある。また、被害者の死亡後に遺族が物損事故に基因する賠償金や保険金を受け取る場合は、損害賠償請求権や保険金請求権として相続財産となる。

c．搭乗者傷害保険

搭乗者本人が負傷したか死亡したかにより、また死亡の場合は、誰が保険料を負担していたかにより、課税関係が異なる。

負傷した場合の傷害保険金、後遺障害保険金、医療費用保険金等は、保険料負担者に関係なく非課税である。

死亡の場合は、傷害保険の死亡保険金と同じ扱いである。ただし、この保険金が被保険者の損害賠償責任に基づく賠償保険金に該当する場合は、保険料負担者に関係なく非課税である。

d．人身傷害（補償）保険

人身傷害（補償）保険は、運転者または相手方の過失割合にかかわらず、まず実損害額を算定しその全額の保険金が支払われる。そのため当該保険金には、搭乗者傷害保険等による保険金のほか、本来相手方から支払われるべき損害賠償金に相当するものも含まれる。つまり、1つの保険金の中に課税分と非課税分とが混在するため、これを区分し、保険金の性格により、次のように取り扱われる。

ⅰ　搭乗者傷害保険に相当する保険金

前述の死亡保険金または各傷害保険金の種別により、所得税・住民税、相続税、贈与税の課税対象または非課税として取り扱われる。

ⅱ　損害賠償金の性格をもつ保険金

前述の対人・対物賠償（保険）金に準じて非課税とされる。

注　保険金が上記のいずれに属するかは、保険会社が合理的な基準に基づいて算定し、これが支払通知書等に記載されるので、受取人はこれにより課税または非課税を判定することができる。

（3）満期返戻金等を受け取ったとき

① 積立型の保険

a．契約者（保険料負担者）が受取人である場合

個人が保険料を負担して積立型の保険を契約し、その満期返戻金（配当金を含む）を受け取ったとき、または中途解約により解約返戻金を受け取ったときは、支払保険料との差額（差益）に対し一時所得として所得税・住民税が課せられる。

一時所得の金額は次の算式により計算し、総合課税として他の所得と合算するときはその2分の1の金額を合算する。

一時所得の金額

（満期返戻金等−支払保険料の総額）−特別控除（50万円）

　なお、保険料一時払契約等について、金融類似商品課税（差益部分に対して20.315%の源泉分離課税）が適用される場合もあるが、損害保険の場合はきわめてまれである。

ｂ．契約者（保険料負担者）と受取人が異なる場合

　満期返戻金等を受け取った者と保険料負担者が異なる場合は、贈与税の課税対象となる。

② 年金払積立傷害保険

ａ．年金の給付を受ける場合

　給付金が年金として支払われる場合は、支払保険料との差額（差益）に対し**雑所得**として所得税・住民税が課せられる。

　雑所得の金額は次の算式により計算する。

雑所得の金額

$$給付金年額−\left(給付金年額×\frac{支払保険料の総額}{給付金の支給総額（見込額）}\right)$$

ｂ．契約者（保険料負担者）と受取人とが異なる場合のみなし贈与

　保険料負担者（通常契約者）と年金受取人とが異なる場合は、年金支給開始日に年金受給権の贈与があったものとして、上記の雑所得とは別に、みなし贈与として贈与税の課税対象となる。

ｃ．中途解約した場合の一時金に対する課税

　契約を解約し、将来受けるべき年金の総額に代えて一時金を取得する場合は、積立保険の解約の場合と同様、一時所得として所得税・住民税が課せられる。

注 年金受給開始前に契約者が解約した場合は、一般の積立保険の解約の場合と同じである。

❷ 個人事業主契約の損害保険と税金

(1) 保険料を支払ったとき

① **傷害保険**

a．個人事業主が自己を契約者として従業員を被保険者とする傷害保険の保険料を支払ったとき

ⅰ **積立型の保険の場合**

保険料を積立保険料（平準積立保険料）とその他保険料（掛捨保険料）部分に分け、積立保険料は満期、失効または解約まで資産に計上（勘定科目は原則として「投資勘定」の中の「その他投資」の「積立保険料」）し、その他保険料は必要経費として処理する。

必要経費としての勘定科目は、保険金受取人を従業員（またはその遺族）とする契約においては原則として「福利厚生費」、被保険者を特定の従業員に限定した場合は「給与」（従業員に給与として課税）とする。

保険金受取人を事業主自身とする場合は、原則として、被保険者を全従業員とするか特定の従業員に限定するかにかかわらず「支払保険料」とする。

ⅱ **掛捨保険の場合**

積立型の保険の場合と異なり、積立保険料がないので、上記ⅰで「その他保険料」部分のみとした場合として処理する。

b．従業員が契約者となる傷害保険の保険料を事業主が支払った場合

保険料（積立型の保険の場合「積立保険料」部分を含む）は、全額必要経費（給与）とされ、従業員は給与課税される。

なお、他の保険（生保、損保、従業員が保険料を負担すべき社会保険など）と合計した保険料が月額300円以下となるときは、「福利厚生費」とされ、従業員に対する給与課税は免除される（**少額保険料の非課税扱いの特例**）。

c．個人事業主が自己を契約者とし、自己または生計を一にする親族を被保険者とする傷害保険の保険料を支払ったとき

すべて個人の契約に準ずる。保険料は「家事関連費」となり、必要経費に算入することはできない。なお、保険料を事業主勘定として処理する場合は、「事業主貸」（必要経費とならない）勘定とする。

注 青色事業専従者を被保険者とする場合は、個人契約として処理するのが原則であるが、専従者を従業員扱いとしてその保険料を必要経費とする場合は、他の従業員との関係、契約内容等を検討し、その可否を判定する必要がある。

② 火災保険

a．事業用の建物などを保険の目的とする保険料

掛捨保険である場合は全額必要経費（支払保険料）となり、積立型の保険である場合は積立保険料は資産に計上（平準積立保険料）し、その他保険料（掛捨保険料）部分は必要経費（支払保険料）に算入する。

注 建物が居住用と事業用の併用である場合などは、総床面積を居住用と事業用の部分に按分して、対象となる保険料を算出する。

b．事業主が従業員の所有建物などに付保した場合の保険料

保険料（積立型の保険の場合はその他保険料部分）は原則として「福利厚生費」として必要経費に算入されるが、特定の従業員のみを被保険者とする場合や従業員自身が契約者となる保険の保険料を事業主が負担した場合などは、従業員に対する給与（必要経費）になる。

従業員契約になる保険の保険料について、傷害保険の場合と同様に一定の要件を満たせば少額保険料の非課税扱いの特例（保険料を事業主の「福利厚生費」に算入）がある。

③ 自動車保険

事業用の自動車で契約した保険の保険料は、全額必要経費とされる。

(2) 保険金を受け取ったとき

① 傷害保険

個人事業主が従業員（親族を含む）を被保険者とする傷害保険の死亡保険金、傷害保険金を受け取ったときの課税関係は次のとおりである。

a．死亡保険金

ⅰ　事業主が保険金受取人である場合

事業主の事業収入に算入する。この場合、積立型の保険であって保険金の受取により保険契約が失効する場合は、資産に計上してある積立保険料を取り崩して必要経費に算入する。

なお、事業主が受け取った保険金を従業員の遺族に対し死亡退職金または弔慰金として支払ったときは必要経費となる。

ⅱ　従業員の遺族が保険金受取人である場合

　事業主には収入がないので、収入に関する経理処理は必要ないが、積立型の保険であって保険金の受取により保険契約が失効する場合は、資産に計上してある積立保険料を取り崩して必要経費に算入する。

　一方、従業員の遺族が受け取った死亡保険金は、雇用主が保険料を負担していたものは従業員が保険料を負担していたものとして扱われることから、その保険金はみなし相続財産として相続税の課税対象となる。

b．傷害保険金

ⅰ　事業主が保険金受取人である場合

　事業主の事業収入に算入する。この場合、積立型の保険であって保険金の受取により保険契約が失効する場合は、資産に計上してある積立保険料を取り崩して必要経費に算入する。

　事業主はこれを従業員に見舞金等として支払ったときは必要経費に算入する。

ⅱ　従業員が保険金受取人である場合

　事業主が負担した保険料が給与課税されていたかどうかにかかわらず、従業員が受け取った保険金は非課税である。

　なお、保険金が従業員の死亡後その遺族に支払われた場合は、保険金請求権として相続財産となる。

② 火災保険

a．事業用の所有建物等が損害を被った場合

　事業用の所有建物などの滅失や損壊を原因として保険金を受け取ったときは、非課税である。そのため、保険金の金額が損失の金額を上回っていた場合でも、差額に課税されることはない。ただし、損失額を必要経費に算入する場合は、保険金で補てんされた金額を差し引いた額をもって必要経費とする。なお、賃借建物などの場合は、事業主は保険金の受取に関与しない。

　積立保険で、保険金の支払により保険契約が失効する場合、資産に計上してある積立保険料は取り崩すことになるが、必要経費に算入されず、「事業主貸」に振り替え、事業損益には関係しない。

b．棚卸資産等の損失による場合

　棚卸資産等商品の損害に対して支払われる保険金は、その商品に代わるべき性質のものとして、収入金額に算入する。商品の損失額は「売上原価」として必要経費となる。

ｃ．休業損失による場合

　店舗休業保険や利益保険等の保険金はその損失を補てんするものとして収入金額に算入する。

③　自動車保険

ａ．車両保険、対物賠償保険

　事業用の自動車が損害を被った場合に受け取る保険金（車両保険金の場合は資産の損害に基づく保険金、対物賠償保険の場合は主として賠償保険金）は**非課税**であるが、修繕費を必要経費にする場合は、その範囲内で収入金額に計上する（両建て経理）。全損などの場合で修繕をしない場合に損失額（帳簿価額）を損失として必要経費に算入するときは、保険金の額を差し引くことになる。

ｂ．対人賠償保険（自賠責保険を含む）

　賠償金の性格を有するものとして非課税である。

ｃ．搭乗者傷害保険、人身傷害（補償）保険

　いずれの保険金も、個人契約の場合と同じである。

（3）満期返戻金等を受け取ったとき ─────────

①　満期返戻金

　積立型の保険において、個人事業主が満期返戻金（配当金を含む）を受け取ったときは一般個人が受け取る場合と同じく、その差額が**一時所得**として所得税・住民税の課税対象となる。ただし、一時所得の金額の算定にあたっては、（平準）積立保険料を除く「その他保険料」（掛捨保険料）部分が既に事業所得の必要経費に算入済みであるため、差し引く保険料としては「（平準）積立保険料」のみとなる。

　一時所得による収益は、事業主の帳簿上は、事業収益ではないので、「事業主借」となる。

②　解約返戻金

　個人事業主が積立保険の解約返戻金を受け取った場合は、満期返戻金の場合と同じくその差益が一時所得として所得税・住民税の課税対象となる。この場合、保険料前納等により、その他保険料部分が前払費用として資産に計上されていることがある。また解約の場合、差益ではなく差損が発生することもある。

第3章

❸ 法人契約の損害保険と経理処理

(1) 保険料を支払ったとき

① 傷害保険

a．法人が自己を契約者とし、役員・従業員（親族を含む）を被保険者として傷害保険に加入した場合の保険料

ⅰ 積立型の保険

保険料のうち、積立保険料部分は契約の満期、失効、解約まで資産に計上する（勘定科目は原則として「投資勘定」の中の「その他投資」の「積立保険料」）。

（平準）積立保険料部分を除く「その他保険料（掛捨保険料）」部分は、期間の経過に応じて損金に算入し、未経過分は資産（前払保険料）に計上する。損金の勘定は、原則として「福利厚生費」、ただし役員・特定の従業員のみ付保の場合は「給与」、すべての保険金を法人受取とする契約の場合は「支払保険料」とする。

（事例）
- 一時払いの場合

（契約時）	積立保険料	XXX	現預金	XXX
	前払費用①	XXX		

（決算時）	福利厚生費	XXX	前払費用②	

（※）現預金＝保険料の全額、前払費用①＝その他保険料（掛捨保険料）の全額
前払費用②＝前払費用①×その期の経過月数÷保険期間（月数）

- 分割払いの場合

	積立保険料	XXX	現預金	XXX
	福利厚生費	XXX		

（※）保険料（掛捨保険料、積立保険の場合はその他保険料部分）が損金となるのは原則として期間対応分（たとえば決算期3月で1月に1年分支払った場合は3カ月分）である。ただし、1年分以内の保険料を支払った場合において、毎年同じ方法で経理処理するときは、支払時に、全額損金に算入することができる（これを「短期の前払費用の特例」という。この取扱いは、火災保険や自動車保険の保険料についても同じである）。

---

ii　掛捨保険

　保険料はすべて掛捨部分（積立保険でいう「その他保険料」部分）となる。よって、上記の積立保険の「その他保険料」と同様、期間の経過に応じて損金算入、未経過分は資産計上する。

b．役員・従業員が契約者となり、法人が保険料を負担する場合

　役員・従業員が契約者となっている傷害保険の保険料を法人が負担した場合は、保険料の全額（積立保険の場合は積立保険料部分を含む）が給与所得となり、課税される。

　この場合、原則として全額（積立保険料部分を含む）が損金に算入される。

② 火災保険

a．法人が営業用建物等に付保した場合の保険料

i　積立型の保険の場合

　法人が火災保険を契約した場合は、その保険の目的が自己所有または賃借に限らず、また棚卸資産であってもその保険料の経理処理は同じである。

　保険料のうち、「積立保険料」部分は、契約の満期、失効、解約までは資産（勘定科目は「積立保険料」）に計上する。積立保険料を除く「その他保険料」部分は掛捨保険料として期間の経過（未経過分は「前払保険料」として資産に計上）に応じて損金（科目は「支払保険料」）に算入する。

ii　掛捨保険の場合

　掛捨保険の場合、保険料はすべて損金として「支払保険料」で処理する。

b．役員・従業員の居住用建物・家財を保険の目的として法人が契約した場合の保険料

　法人が支払った保険料は、積立保険である場合の積立保険料部分は資産に計上し、その他保険料部分および掛捨保険の保険料は損金に算入する。その処理方法および損金不算入については、傷害保険の場合と同じである。

　ただし、役員または特定の従業員のみに限定した場合は、その全員に付保しても、その掛捨保険料は役員・従業員に対する「給与」となる。

c．役員・従業員が契約者となる保険の保険料を法人が負担した場合

　傷害保険の場合と同じく、法人が負担した保険料は全額（積立保険料を含む）が役員・従業員に対する給与となる。この場合、法人側では、原則として全額損金となる。

　なお、少額保険料の非課税扱いの特例は、契約が福利厚生の対象になるものであれば、一定の要件のもとにその適用がある。

③ 自動車保険

　法人が営業用の自動車に保険を契約し、保険料を支払った場合は、全額損金となる。

(2) 保険金を受け取ったとき

① 傷害保険

a．法人が保険金受取人である場合

　法人が役員・従業員を被保険者とする傷害保険の保険金を受け取ったときは、死亡保険金、傷害保険金等の保険金の種類を問わず、益金に算入し、積立保険で保険金支払により契約が失効する場合は、資産に計上してある積立保険料を損金に算入する。

　法人がこの保険金を役員・従業員（またはその遺族）に死亡退職金等として支給した場合は、原則として損金に算入する。

b．役員・従業員が保険金受取人である場合

　役員・従業員の遺族が受け取った死亡保険金は、保険料を役員・従業員が負担したものとして扱われるので、保険金に対する課税関係は、個人契約の場合と同じである。役員・従業員が受け取る傷害保険金は非課税である。

　法人は保険金を受け取らないため、収入に関する経理処理は必要ないが、積立保険でこれにより保険契約が失効する場合は資産に計上してある積立保険料を損金に算入する。

② 火災保険

a．建物等固定資産の損失の場合

　法人が建物等固定資産の滅失または損壊により受け取った保険金は益金に算入し、損失額および関連費用は損金に算入し、保険差益は課税の対象となる。なお、保険金支払により保険契約が失効する場合で資産に計上してある積立保険料がある場合は、これを損金に算入する。

保険差益

保険金 － （建物等の損失発生前の帳簿価額のうち被害部分相当額 ＋ 支出費用）

（※）支出費用とは、取壊し費、焼跡の整理費（片付け費用）など、資産の滅失に直接関連して支出される費用をいう。類焼者に対する賠償金やけが人への見舞金など、直接関連しない費用は含まれない。

　このように、保険差益は課税の対象となるが、一時の課税を避ける方法として圧縮記帳の制度がある。これは、滅失または損壊の日から3年以内に支払の確定した保険金で代替物件を取得または改良した場合に、取得価額を減額（帳簿価額を圧縮）することにより、その分を損金に算入し、保険差益の課税の対象を縮小するものである。

　ただし、取得価額の減額は、次期以降の減価償却費の減少に伴い課税所得の増加の要因となるため、課税の減免ではなく、繰延べである。

　保険金の支払年度に代替資産の取得等ができない場合、保険金支払年度の翌期首から原則として2年以内に取得等の見込みがあれば、圧縮記帳の適用対象となる。また、保険金額が確定する前に代替資産を取得（先行取得）した場合も適用対象となる。なお、圧縮記帳の適用を受ける場合、保険金で取得する代替資産は、被災した資産と同種の資産である必要がある（用途が同一である必要はない）。

　保険金により代替資産を取得して圧縮記帳をする場合は、次のとおり圧縮限度額が設けられている。

圧縮限度額

$$保険差益 \times \frac{代替資産の取得に充てた金額^{(※)}}{保険金 - 支出費用}$$

（※）分母の金額を限度とする

---

b. 棚卸資産の損失の場合

　商品等棚卸資産の損失の場合は、保険金を益金、損失額を損金に算入する。固定資産の場合のような圧縮記帳の制度はない。

例　題

Q:

以下のケースで、圧縮記帳後の課税の対象はいくらになるか。
- 焼失した建物の帳簿価額　　　　　500万円
- 焼け跡の取片付け費用　　　　　　100万円
- 受け取った火災保険金（全損）　　2,100万円
- 新築した代替建物の取得価額　　　1,800万円

A:..

（1）保険差益

　2,100万円 － （500万円 ＋100万円）＝1,500万円

（2）圧縮限度額

　$1,500万円 \times \dfrac{1,800万円}{2,100万円 － 100万円} ＝1,350万円$

（3）課税の対象

　1,500万円－1,350万円＝150万円

　この150万円が、保険差益に対する課税の対象となる。ただし、その後の年の減価償却額は、取得価額から圧縮限度額を差し引いた450万円を基に計算することになり、減価償却費（損金）として計上できる金額が減少する。その結果、耐用年数期間中の費用として損金処理できる減価償却費の減少額を累計すると、圧縮記帳を行わず納税を行った場合と、理論上は同様の課税関係が成立する。

③　自動車保険

ａ．車両保険、対物賠償保険

　受け取った保険金や賠償（保険）金は益金に算入し、修繕費は損金に算入する。全損の場合、車両保険金等で代替自動車を取得した場合は、圧縮記帳の制度がある。

ｂ．対人賠償保険（自賠責保険を含む）、搭乗者傷害保険、人身傷害（補償）保険

　いずれも賠償保険または傷害保険に相当し、原則として役員または従業員（またはその遺族）が保険金を受け取るため、個人契約の課税関係と同じ扱いである。法人が保険金を取得した場合は益金に算入するが、通常個人が取得することとなるため法人の経理処理はないのが一般的である。

(3) 満期返戻金等を受け取ったとき

　法人が積立保険の満期返戻金または解約返戻金を受け取ったときは、配当等も含めすべて益金に算入し、資産に計上してある積立保険料を損金に算入する。また、解約に際して資産に計上してある前払費用がある場合はこれも損金に算入する。

（仕訳例）
● 満期返戻金

現預金	XXX	積立保険料	XXX	
		雑収入	XXX	

● 解約返戻金（差益が出る場合）

現預金	XXX	積立保険料	XXX	
		（前払費用	XXX）	
		雑収入	XXX	

● 解約返戻金（差損が出る場合）

現預金	XXX	積立保険料	XXX	
雑損失	XXX	（前払費用	XXX）	

---

④ 損害賠償金、災害と税金

(1) 損害賠償金と税金

① 個人が受け取る賠償金

　個人が身体または財産に損害を受け、加害者から損害賠償金を受け取った場合は、非課税である。ただし、個人事業主の場合は棚卸資産などが損害を受けたときは事業所得の収入金額に計上し、棚卸資産等の損失額は売上原価として必要経費となる。また、保険金、損害賠償金等があれば、その金額を損失額から差し引いた金額が必要経費となる。

② 法人が受け取る賠償金

　法人が加害者から受け取る損害賠償金は雑収入として益金に算入し、損害額は損金に算入する。

(2) 災害と税金

① 個人が災害により損失を受けた場合

a. 雑損控除

本人または本人と生計を一にする**総所得金額等**が**48万円**以下の配偶者その他の親族の有する資産（生活に通常必要な資産に限られる）が、**火災**、**落雷**、**震災**、**風水害**、**雪害**、**盗難**、**横領**等により損害を受けたときは、**雑損控除**として所得控除を受けることができる。雑損控除として控除される金額は、次の④と⑤の金額のうち、いずれか多いほうの金額である。

なお、総所得金額、分離課税されている所得金額から雑損控除の金額を控除しきれないときは、その金額を翌年以降**3年間**（特定非常災害の指定による災害により生じた場合の特例対象者については5年間）繰り越すことができる。

雑損控除の金額

④ 損失額－総所得金額等×10％
⑤ 損失額のうち災害関連支出の金額－5万円

※損失額＝損害額^{（※）}＋災害等に関連してやむを得ない支出をした金額
　　　　　　－保険金等で補てんされる金額

（※）損害額は、その資産の損失が生じたときの直前における価額を基礎として計算する方法と、その資産の取得価額から減価償却累計額相当額を控除した金額による方法のいずれか有利なほうを選択する。

---

b. 災害減免法

年間の所得金額の合計額が**1,000万円以下**の個人が、災害や風水害などで住宅や家財に甚大な損害を受けた場合は、合計所得金額に応じ、一定の金額が税額控除として所得税額から控除される。ただし、**雑損控除との重複適用は受けられない**。

② 法人が災害により資産の損害を受けた場合

法人は、災害に限らず、資産に損害を受けた場合は、損害額を損金に算入し、これに対応して保険金等を受け取ったときは益金に算入する。

なお、災害によっては、個人事業主も含め、特別法により税の減免措置が設けられている場合があるので、具体的事実にあたって判定することが肝要である。

実務上のポイント

- 地震保険料控除額は、所得税で5万円、住民税で2万5,000円が上限となる。
- 店舗併用住宅を対象として地震保険に加入する場合、居住用部分のみが地震保険料控除の対象となる。ただし、家屋全体のおおむね90%以上が居住用である場合は、全額を対象とすることができる。
- 居住用ではない家屋や賃貸用不動産を対象とする地震保険の保険料は、地震保険料控除の対象とならない。
- 地震保険の保険金が支払われ、地震保険契約が終了した場合でも、その年分に支払った保険料は、地震保険料控除の対象となる。
- 複数年分の地震保険の保険料を一括で支払った場合、毎年の保険料に相当する金額が毎年の控除の対象になる。
- 個人事業主が、事業用建物を保険の対象とする火災保険の保険金を受け取った場合、当該保険金は非課税となる。
- 個人事業主が、商品を保険の対象とする火災保険の保険金を受け取った場合、当該保険金は個人事業主の事業収入となる。
- 積立型の保険において、個人事業主が満期返戻金を受け取った場合、個人事業主の一時所得の対象となる。
- 圧縮記帳の適用を受けるためには、保険金で取得する代替資産が、被災した資産と同種の資産である必要がある(用途が同一である必要はない)。
- 保険金額が確定する前に代替資産を取得した場合でも、圧縮記帳の適用対象となる。
- 保険差益の計算において、保険金から差し引く支出費用には、けが人への見舞金は含まれない。

第 **4** 章

第三分野の保険

　保険業法では、**第三分野の保険**を、①疾病、②傷害・疾病による障害状態、③傷害による死亡、④その他保険業法施行規則で定める介護、出産（助産婦による助産を含む）、治療（柔道整復師、あん摩マッサージ指圧師、はり師またはきゅう師が行う施術）を対象として一定額の保険金を支払う保険と損害をてん補する保険、と定めている。

　これらの範囲には、「疾病による死亡」を主とするものは含まれず、疾病による死亡を主な対象とする保険は生命保険の分野（第一分野の保険）となる。

　一方、保険法による位置づけは保険業法とは若干異なり、定額給付方式により傷害疾病に対して給付が行われるものを傷害疾病定額保険（いわゆる第三分野保険）と定めている。疾病死亡給付（定額給付方式）をこれに含める半面、損害てん補方式による保険契約を傷害疾病損害保険として損害保険分野に位置づけている点が、保険業法との違いである。

　本章では、傷害・疾病に対して給付が行われる保険を広く第三分野の保険とし、医療保険、生前給付保険、介護保障保険、がん保険、所得補償保険（就業不能保険）の内容について学習することとする。昨今では、介護保険や就業不能保険と死亡保険が一体となった組込（混合保障）型保険や、死亡保障や医療保障、介護保障など必要な保障を自由に組み合わせた組立型総合保障（パッケージ）保険などの様々なパッケージ型保険の商品が増えてきている。なお、第三分野の保険は、保障内容等が会社によって異なる場合が多く、ここでは一般的な内容を記載している。

❶ 医療保険と医療保障特約

(1) 医療保険の概要

　医療保険には、医療保障のみを目的とする医療保険を主契約として加入する単体タイプと、死亡保障や老後保障を主な目的とする主契約に医療関係の特約を付加して加入する特約タイプがある。なお、最近は、主契約がなく、各種特約のみを組み合わせて加入する特約組立型保険もある。

　医療保険の給付内容は、入院給付、手術給付が中心で、死亡保障は一般的にないか、あっても少額である〔図表4－1〕。

　特約には、入院特約、通院特約、生活習慣病入院特約、長期入院特約をはじめとしていろいろな特約がある。

　なお、一般的に、「申込み」「告知・診査」「初回保険料の支払」、これら3つが揃ったと

〔図表 4 - 1〕 医療保険の特徴

		単体タイプ	特約タイプ
契約の形態		医療保険（主契約）に加入する。	基本的に、主契約の生命保険・年金保険に「特約」として付加する。
責任開始期		契約成立後、不担保期間が設けられているものもある。	一般に主契約の責任開始期と同じ。特約により、契約成立後の不担保期間が設けられているものもある。
保険期間		「定期タイプ・更新型」 「定期タイプ・全期型」 「終身タイプ・保険料払込満了期間あり（有期払い）」 「終身タイプ・保険料払込満了期間なし（終身払い）」	「定期タイプ・更新型」（最後の更新期に原則、80歳まで更新できる。終身保障に変更できるものもある） 「定期タイプ・全期型」
給付金の内容	入院給付金 給付日額の設定	5,000円や10,000円が一般的だが、1,000円単位で設定できるものもある。	
	入院給付金 給付対象となる日数	1日型（日帰り入院）、1泊2日型（2日以上入院で1日目から）、5日型（4日免責）、8日型（災害は5日以上、疾病は8日以上継続入院で1日目から）など。	従来は5日型（4日免責）が一般的であったが、最近は1日型（日帰り入院）が主流である。
	入院給付金 1入院支払限度日数	60日、120日が多いが、1,095日までの間でいろいろある。	120日が一般的だが、60日、180日、240日、360日などもある。
	入院給付金 通算入院限度日数	700日、730日、1,000日、1,095日などがある。	700日、730日が一般的だが、1,000日、1,095日などもある。
	入院給付金 その他	1回の入院で10万円・20万円など定額の給付金を支払うタイプや診療報酬点数を元に給付金を支払うタイプなどもある。	
	手術給付金	入院給付日数×手術の種類に応じた判定の倍率を支払うもののほか、定額の給付金額が決まっているものもある。	入院給付日額×手術の種類に応じた所定の倍率を支払うものが一般的。
	死亡保険金	死亡保険金はない、または少額である。	主契約の死亡保険金があるので、一般に特約には死亡給付金はない。
	その他の給付金	付加した特約の給付金がある。	主契約に付加した特約の給付金がある。
高度障害状態になったとき		① 高度障害保険金（入院給付金の100倍程度など）の支払い ② 保険料払込免除	① 主契約の高度障害保険金の支払い ② 保険料払込免除

167

きから責任が始まるが、がんを保障するものなどは、免責期間（3カ月または90日など）
が設けられている（このような免責期間を設けていない特約なども登場している）。免責
期間中の保険事故は保障されず、契約はその時点で消滅する。

家族の保障については、家族型の特約（配偶者・子型、配偶者型、子型）を付加するこ
とで対応できるものもある。契約内容や保障内容は会社によってさまざまであるが、死亡、
失効、解約で主契約が消滅すると家族保障がなくなるものもあるので注意する必要がある。

(2) 保険期間

保険期間は、10年などといった保険期間が定められている定期タイプと、一生涯保障の
終身タイプがある。

定期タイプは、健康状態にかかわらず保険期間が満了すると更新できる**更新型**と、更新
のない**全期型**がある。同じ年齢の契約当初の保険料は、更新型のほうが全期型よりも安い
が、更新するごとに保険料は見直され高くなっていく。

なお、終身タイプには、保険料払込期間があるもの（有期（短期）払い）と一生涯のも
の（終身払い）がある。他の契約条件が同じ場合、「有期（短期）払い」より「終身払い」
のほうが、毎回の保険料が安くなる。

(3) 給付内容

医療保険の給付は、前述のとおり、入院給付金、手術給付金が一般的である。特約タイ
プでは、主契約が生命保険なので災害入院特約や疾病入院特約に死亡保険金は付いていな
いが、単体タイプには少額の死亡保険金が付いているものもある。なお、健康診断等で異
常が認められ、医師の指示による治療を目的とする精密検査のための入院も給付金が支払
われる場合がある。ただし、治療を目的としない美容整形手術や**正常分娩**に伴う手術は医
療保険の保障の**対象**とはならない。また、介護保険法に定める介護老人保健施設等に入所
している場合も同様に医療保険の対象とならない。

① 入院給付金

a．給付日額の設定

給付日額は「3,000円から10,000円」といった保険会社が定める所定の範囲で設定す
るのが一般的である。保険会社によっては、20,000円まで設定できるものや、1,000円
単位で細かく設定できるものもある。限度額や設定単位は保険会社ごとに定められてい
る。

ｂ．保障期間

　最近では 0 泊 1 日の日帰り入院や 1 泊以上の入院で 1 日目から保障するものが主流であるが、入院 5 日目から給付金が支払われる 5 日型（ 4 日免責）や、ケガは 5 日以上、疾病は 8 日以上継続入院した場合は入院初日から給付対象とするものもある。

ｃ．1 入院当たりの給付日数と通算給付日数

　入院 1 回当たりの給付日数の制限が設けられており、30日、60日、90日、120日、180日、240日、360日等があり、契約者が契約時に選べる。また、通算給付日数は、1,000日を超えるものが多くなっているが、契約者が選択できないのが一般的である。

　なお、同一事由により再入院する場合、前回の退院日の翌日から180日を経過して入院する場合は新たな入院とみなすものが一般的である。

② 手術給付金

　手術によって、給付日額の10、20、40倍が手術給付金として給付されるものと一律の給付金額が定められているものが多い。なお、同時に 2 種類以上の手術を受けたときは、最も給付倍率の高いいずれか 1 種類の手術についてのみ手術給付金が支払われるのが一般的である。最近では入院中の手術と外来手術の給付金額を分けているものが多い。

③ 死亡給付（保険）金

　単体タイプの死亡給付金はないものが一般的で、ある場合は10万円から100万円程度の少額なものが多い。また、最近は、単体タイプの終身医療保険を主契約として、特約で定期保険を付けて死亡保障を充実させることができる保険もある。

④ 先進医療給付金（先進医療特約）

　付加できる特約の 1 つである。**療養を受けた時点**において厚生労働大臣が定める先進医療に該当する医療技術で、医療技術ごとに定められた適応症に対して施設基準に適合する医療機関で行われる療養を受けた場合に、先進医療給付金が支払われる。保障期間は80歳等の一定年齢まで更新するものと終身保障のものがあり、保険期間中の通算支給限度額が設定されているものがほとんどである。なお、同一保険会社では重複して加入することができない。また、異なる保険会社で複数の契約をしている場合は重複加入が可能であるものの保険金は重複して受け取れない場合もある。

⑤ 通院給付金（通院特約）

　付加できる特約の 1 つである。入院給付金の支給対象となる入院の前後一定期間以内にその治療を目的として通院したときに通院給付金が支払われる。1 通院当たりの給付金額は入院給付金日額によって決まり、支給対象日数も保険会社によって定められている。最近では、検査入院から保障対象となるものなど、通院給付金の支給対象となる入院の内容

や入院日数の規定が保険会社により異なるものも登場している。

⑥ その他

1入院当たりの入院給付金の支給限度日数を短期化する一方、特定疾病による入院の場合に限定して支給限度日数を拡張する特約もある。対象となる特定疾病は、3大疾病（がん、心疾患、脳血管疾患）とするもの、七大生活習慣病（がん、心疾患、脳血管疾患、腎疾患、肝疾患、糖尿病、高血圧性疾患）とするもの等、保険会社により異なる。また、入院時に一時給付金を支給する特約や、無事故の際に払戻金等が支払われる特約なども登場している。

さらに昨今では、平均入院日数が短くなっているにもかかわらず、患者が支払う入院1回当たりの費用は高くなっている。その実態に合わせ、公的医療保険の診療報酬点数に応じた金額を支払うタイプや、入院・治療費の実費分を保障（補償）するタイプ、入院時や入院期間が一定日数を超えたときに所定の給付金がまとめて支払われるタイプも登場している。

❷ 無選択型保険・限定告知型保険

(1) 無選択型保険

契約時に告知（危険選択）を行わず、高齢者や一定の病気にかかっている人でも契約でき、それらの人の一定の保障を有したいというニーズに対応した保険である。ただし、保険料は通常の保険に比べ割増されている。また、加入後一定期間の保障が抑えられているのが一般的である。主に終身保険等の分野で取り扱われている。

(2) 引受基準緩和型（医療）保険（限定告知型（医療）保険）

持病や既往症を抱えている場合や、病気で通院・服薬中であっても申し込むことができる保険である。告知の項目数が絞り込まれていることから「限定告知型（医療）保険」とも呼ばれており、終身保険や医療保険等の分野で取り扱われている。一般的に、引受基準緩和型（医療）保険では、過去に病気で入院や手術をしたことがある場合や既往症がある場合等であっても一定の要件のもとで保障の対象となるが、加入後1年程度は保障が抑えられる等の制約がある。通常の保険と無選択型保険との中間的な存在に位置し、保険料は通常の保険と比べて割高になる。

❸ 生前給付保険と特約

① 特定（三大）疾病保障保険

三大生活習慣病といわれる**がん**、**急性心筋梗塞**、**脳卒中**により所定の状態と診断された場合に、死亡保険金と同額の保険金を特定疾病保険金として生前に受け取ることができる保険である。

特定疾病保険金が支払われると、保険契約は**消滅**し、その後死亡・高度障害状態に至ったとしても死亡・高度障害保険金は**支払われない**。

保険期間については、定期保険タイプと終身保険タイプがある。特定疾病保険金の**支払事由が発生せずに**被保険者が死亡・高度障害状態になった場合は、通常の定期保険や終身保険と同様、死亡・高度障害保険金が**支払われる**。保険料は、保険期間や死亡・高度障害保険金の金額等の契約条件が同一であれば、特定（三大）疾病保障定期保険のほうが定期保険よりも高くなる。

なお、単独で加入するタイプ（単品）以外にも、特約で加入する特定（三大）疾病保障特約も販売されている。また、最近は死亡・高度障害保険金がないタイプもある。

② リビング・ニーズ特約

被保険者が原因にかかわらず余命**6カ月**以内と医師に診断・確定された場合に、主契約ならびに特約の死亡保険金の一部または全部を前払請求できる特約をリビング・ニーズ特約という。その内容と特徴は以下のとおりである。

ａ．指定した特約保険金額から**6カ月分の保険料**相当額と**利息**相当額を差し引いた金額が支払われる。

ｂ．この特約に対する特約保険料は**必要ない**。

ｃ．特約保険金が支払われた以降は、その残額分の契約が継続し、残額分の保険料は継続して払い込むことになる。

③ 指定代理請求制度

特定疾病保障保険やリビング・ニーズ特約等の被保険者本人（保険金受取人）が、あらかじめ被保険者の同意を得て、特別な事情があるときに被保険者の代わりに保険金を請求できる**指定代理請求人**を指定しておく制度（特約）を**指定代理請求制度**（指定代理請求特約）という。なお、指定代理請求特約の付加にあたっては、一般に特約保険料は**必要ない**。

特別な事情とは、被保険者本人が余命もしくは病名（がんなど）の告知を受けていないときや、被保険者本人が心神喪失の状況で保険金を請求できない事情をいう。

指定代理請求人の範囲は、請求時に被保険者の戸籍上の配偶者、被保険者の直系血族または3親等内の血族、被保険者と同居または生計を一にしている3親等内の親族とするのが一般的（保険会社により異なる　詳細は58ページ参照）であり、通常はこのうち1名を指定する。また、保険金等の支払事由発生前であれば、指定代理請求特約を途中で付加できるとともに、**指定代理請求人の変更もできる**。

❹ 介護保険と特約

公的介護保険を補完するものとして民間の介護保険がある。民間の介護保険は、単体タイプと特約タイプがあるほか、終身保険等の保険料払込期間満了時の積立金を、保障内容変更制度により介護保障に移行する方法もある。民間の介護保険は、公的介護保険と以下の点で違いがある。

① 給付内容

公的介護保険は原則として現物給付（在宅介護サービス、施設介護サービス）であるのに対し、民間の介護保険は現金給付であり、給付には、一時金、年金、両者の併用がある。

② 加入年齢

公的介護保険は40歳から全員強制加入となるが、民間の介護保険は、公的介護保険よりも対象となる年齢幅が広い場合もあり、40歳未満でも加入できる商品もある。

③ 要介護状態

保険事故である要介護状態の内容は、公的介護保険のほうが広く、一般に民間の介護保険は狭い。支払要件となる要介護認定基準については、**独自の認定基準を定めている**保険会社もあれば、**公的介護保険と連動させている**保険会社もある。また、要介護状態の認定は、公的介護保険では市町村の介護認定委員会が行うが、民間の介護保険で独自の要介護状態に該当するかどうかは、医師の診断と、それによる保険会社の判断による。

④ 保険期間

公的介護保険は40歳からの終身保障で、終身払込みである。民間の介護保険の保険期間には、有期と終身がある。保険料の払込みは、有期の場合は全期払いの有期払込みだが、終身の場合は有期払込みと終身払込みがある。

⑤ 給付期間、年金等の受取期間

公的介護保険では、要介護状態が継続している限り、サービスが受けられる。民間の介護保険の年金給付は、終身のものと有期のものがある。

年金給付の場合、年金支払開始後に介護状態を確認し、その後回復した場合は支払が停止になるタイプ、年金支払開始後は介護状態の確認がいっさいなく約定期間まで支払が継続するタイプがある。

⑤ 認知症保険

　認知症保険は介護保険の一種で、被保険者が所定の認知症となった場合に保険金・給付金が支払われる保険である。

　保障範囲は保険会社によって異なるが、医師によりアルツハイマー病の認知症や血管性認知症等に該当する器質性認知症と診断された場合のほか、認知症の前段階である軽度認知障害（MCI）を保障する商品も販売されている。

⑥ がん保険と特約

　がん保険は、がんの保障に重点を置いた医療保険である。

　単体タイプと特約タイプがあるが、単体タイプのがん保険が広く普及している。保険期間が定められているものと一生涯保障するものがあり、保険料払込期間は有期払いと終身払いがある。

① 給付内容

　診断給付金、手術給付金、入院給付金、在宅療養給付金、通院給付金、治療給付金などの給付金がある。また、がんで高度障害状態になった場合はがん高度障害給付金が、がんで死亡した場合はがん死亡給付金が支払われるものもある。診断給付金は、がんと診断されたときに支払われ、一定の期間をあけて複数回支払われるものもある。一般的に、入院給付金や手術給付金には給付日数、支払回数の制限がない。また、療養給付金は、一定以上の入院日数が条件となる場合がある。

　最近は、診断給付金や治療給付金を主契約にし、入院給付金や手術給付金等を特約で任意に付加する保険もある。また、近年のがん治療の状況に応じて、先進医療給付や通院給付の保障を厚くできる特約に力を入れる保険会社が多くなっている。

② がん保険の特徴

　がん保険には、告知義務はあるが、一般には無診査であり、責任開始までの免責期間

（待ち期間、不担保期間）があるものが多い。免責期間は加入してから90日間（または 3 カ月間）が一般的である。

❼ 所得補償保険・就業不能保険

　所得補償保険・就業不能保険は、国内外を問わず、病気や傷害で就業不能となった場合、その間の喪失所得を補償するものである。引受保険会社は、所得補償保険が損害保険会社、就業不能保険が生命保険会社となっている。いずれもケガや病気で働けなくなったときの収入の減少を補うための保険で、機能としてはほぼ同じ性質を持つ。

　病気や傷害による入院中のほか、医師の指示による**自宅療養中**も補償の対象となる。休業時の補償制度のない自営業者のリスク対策として活用されることもある。また、商品によっては、**精神疾患**による就業不能を補償するものもある。

　所得補償保険の保険料は、被保険者の年齢のほか職業級別により異なる。また、原則として保険契約締結時に医師による健康診断を必要とせず、被保険者本人の健康状態についての告知書の提出により契約可能であるという特徴がある。一方、就業不能保険は、職業による保険料の違いはなく、健康状態の告知が必要となるのが一般的である。

　なお、所得補償保険・就業不能保険の保険金は、身体の傷害に起因して支払われる保険金に該当するので、非課税とされている。

〔図表4－2〕第三分野の主な特約の種類と内容

特約の種類	特約の内容
災害入院特約	災害による事故の日から180日以内に開始した入院の日から入院日数分の入院給付金が支払われるものが多い。手術給付金が支払われるものもある
疾病入院特約	病気の治療を目的として入院したとき、入院日数分の入院給付金が支払われるものが多い。所定の手術給付金が支払われるものもある
生活習慣病入院特約（成人病特約）	生活習慣病（がん、高血圧性疾患、心疾患、脳血管疾患、糖尿病）で入院した日数分の入院給付金が支払われるものが多い。生活習慣病で手術をしたときに所定の手術給付金が支払われるものもある
女性医療特約	女性特有の病気（例：妊娠や分娩に関わる治療等（自然分娩は除く））で入院したとき、入院日数分の入院給付金が支払われるものが多い。女性特有の病気で手術をしたときに所定の手術給付金が支払われるものもある
通院特約	入院前後の通院に対して、通院の回数により給付金が支払われるものが多い
先進医療特約	療養を受けた時点において厚生労働大臣が定める先進医療に該当する医療技術で、医療技術ごとに定められた適応症に対して施設基準に適合する医療機関で行われる療養を受けた場合に、先進医療給付金が支払われる
がん特約	がんの治療で入院したとき、入院日数分の入院給付金が支払われ、1回の入院給付金支払限度は無制限というものが多い。がんの手術を受けたときに手術給付金が支払われる また、がんで入院を開始したときに一時金が給付されるものもある
就業不能特約	自宅療養や長期の就業不能のときに一定期間の給付金が支払われる

実務上のポイント

- 先進医療特約の支払対象となる「先進医療」は、療養を受けた時点において厚生労働大臣が定める医療技術で、一定の要件を満たすものである。
- 指定代理請求特約は、被保険者が受取人となる保険金等について、被保険者本人が請求できない事情がある場合に、あらかじめ指定された代理人が保険金等を請求することができる特約である。
- 所得補償保険・就業不能保険では、ケガや病気によって就業不能となった場合、入院中だけでなく医師の指示による自宅療養中も補償の対象となる。

第 **5** 章

外貨建て保険

　資産運用において、外貨建て商品への投資は安定した人気があり、預貯金、債券、MMFや株式投資、外国為替証拠金取引（FX取引）など、円貨建て商品と同等にバリエーションが豊富である。

　なかでも、預貯金や債券、MMFなどの金利商品は、国内の金融商品よりも高い金利で、株式や投資信託などよりも価格変動リスクが低そうという印象からか、幅広い年齢層で手掛けやすい商品と考えられているようである。外貨建て保険もこうした金利商品と同様のイメージを持たれやすく、近年では取り扱う保険会社の増加や保険商品の多様性もあり、ニーズが増している。

　しかし、保険商品とはいえ為替リスクのある点は他の金融商品と同様であり、かつ、保険ならではの複雑さから商品性をよく理解しないまま契約してしまうケースは少なくはない。また、保険金等の受取時まで価格の変動が見えづらい点などにも注意が必要である。

❶ 外貨建て保険とは

(1) 基本的な商品性

　外貨建て保険とは、保険会社の設定する外国通貨、または設定された中から契約者が任意に指定した通貨建てで契約する保険商品である。適用される通貨は米ドル・豪ドル・ユーロが一般的であり、当該通貨で保険料を払い込み、保険金等も当該通貨で受け取る仕組みとなる。

　支払った保険料は、日本よりも金利水準の高い通貨国の債券等で運用されることが一般的であり、円貨建て保険よりも高い予定利率や積立利率が期待される。保険の仕組み上、高利率契約ほど同額の保険金額でも保険料は安く、中途解約時の解約返戻率が高くなりやすい。この点が外貨建て保険の魅力の1つである。

(2) 外貨建て保険の種類

　商品の種類としては、定額保険が主流であるが中には変額保険もある。終身保険や個人年金保険が多いが、養老保険や組込（混合保障）型保険（たとえば死亡保障と介護保障が同額の終身保険等）等を取り扱う保険会社もある。

　保険料払込方法は平準払い（月払い、年2回払い、年1回払い）や一時払い等と、円貨建て保険と変わらないが、一時払い商品の割合がやや高い傾向にある。いずれにしても、

一般的な外貨建て保険は、掛捨て型より貯蓄性のある保険商品が多いといえる。

(3) 円貨建て保険との相違点

　保険商品自体の仕組み等は、市場価格調整（MVA）機能（③参照）を有することが多い点を除き、適用通貨が外貨であるだけで、円貨建ての終身保険や個人年金保険等と変わりはない。また、国内で営業する国内外資本の保険会社の商品を国内で契約する場合においては、以下のとおり円貨建て保険と同じ適用を受ける。

- 保険業法や保険法の適用を受ける
- 生命保険契約者保護機構の補償対象である
- 支払う保険料は生命保険料控除の対象となる
- 保険金・年金・解約返戻金を受け取る際の課税関係は円貨建て保険と同じである

　しかし、日常生活においては外貨での決済等のやり取りは稀であり利便性が低い。これは保険料の支払いや保険金等の受け取りの場面でも同様である。よって、円貨建て保険にはない特約が外貨建て保険には存在する。また、これらの特約を付加することにより、外貨建て保険の契約がスムーズとなる。

円換算払込特約	<ul><li>保険料を円貨で払い込める特約</li><li>円貨を外貨に交換する際の為替レートは、保険料払込時の電信（公表）相場（この場合、通常は仲値である TTM）に、保険会社ごと、適用通貨ごとに設定する為替手数料が上乗せされる</li></ul>
円換算支払特約	<ul><li>保険金・年金・解約返戻金等を円貨で受け取れる特約</li><li>外貨を円貨に交換する際の為替レートは、受取金の課税の種類に応じた電信（公表）相場※から、保険会社ごと、適用通貨ごとに設定する為替手数料が差し引かれる</li></ul>※相続税・贈与税の課税対象の場合は TTB（電信買相場）、所得税の課税対象の場合は TTM（仲値）となる

　以上のとおり、外貨建て保険の保険商品としての仕組みは円貨建て保険とほぼ同じである。定額保険であれば、契約時に外貨ベースの保険金・年金等が確定されており、保険会社が破綻しない限りは受取額が払込保険料総額を下回るような事態にはならない。また、変額保険の場合、選択した特別勘定（ファンド）の運用成果に応じて将来の受取額が変動するリスクは円貨建て変額保険と同じである。なお、変額保険では一般的に終身保険等の死亡・高度障害保険金や、個人年金保険の死亡給付金について、契約時の基本保険金等の額を最低保証するものが多いが、こうした特徴も円貨建て保険と外貨建て保険に差異はない。

　ただし、外貨建て保険の場合に約款で約定している金額はすべて外貨ベースの価額となる点には注意が必要である。定額保険では円貨建て保険と同じく契約時に受取額が決定していたとしても、それはあくまでも外貨ベースでの価額であり、最終的に外貨を円貨に換算した際の為替レートによっては円での受取額が払込保険料総額を下回ることがあるため、将来の受取額や保険期間を通して損益が確定しているわけではない。

❷ 外貨建て保険におけるリスク

(1) 円貨建て保険と共通するリスク

　外貨建て保険は一般的に貯蓄性の高い終身保険や個人年金保険が多いため、以下のリスクに留意すべきである。

① 金利変動リスク

　保険を運営するための予定利率は契約時の市場金利等で決定される。定額保険では、契約後の予定利率が変更されることはないため、外貨ベースの受取額は契約時に決定しているため、新規に保険を契約する場合の算出保険料の多寡はその時点の金利水準に影響を受けることになる。

　一方、積立利率変動型保険の場合、契約時の予定利率が最低保証されるのが一般的であるが、一定期間ごとに見直される積立利率については、見直し時の金利水準に応じるため、契約後の保険金や解約返戻金の増額に過度に期待することは避けるべきである。

　なお、この金利変動リスクの影響を最も受けるのは、MVA機能を有する保険商品である。いうまでもなく、外貨建て保険が影響を受ける金利変動とは、日本の金利ではなく適用されている通貨国の金利となる。

② 価格変動リスク

　変額保険の場合、選択する特別勘定に応じて将来の保険金、年金、解約返戻金の受取額が変動する。一般的に、契約時の基本保険金額等を最低保証するものが多いが、解約返戻金は最低保証がない。また、なかには最低保証の設定のない保険商品もあるため、契約時に確認する必要がある。

③ 信用リスク

　外貨建て保険も生命保険契約者保護機構の補償対象ではあるが、万一、契約した保険会社が破綻した場合の影響は大きい。更生計画の認可決定後に救済保険会社等へ当該契約が

引き継がれる際には、貯蓄性の高い保険、保険期間満了までの残存期間の長い保険、契約時の予定利率が高い保険ほど、契約時の保険金額からの減額幅が大きくなる傾向にあるためである。外貨建て保険では、終身保険や個人年金保険が多いため、契約保険会社の健全性等を示す各指標等をよくチェックする必要がある。

　なお、保険会社の健全性を表す指標のひとつであるソルベンシー・マージン比率とは、「通常の予測を超えるリスク」に対し、どの程度の「自己資本や準備金等の支払い余力」を有しているかで算出される。この際に、保険会社の支払い余力の大きさに注目が向きやすいが、この「通常の予測を超えるリスク」は、保険会社の経営に対する考え方に基づく運営方法等だけでなく、取り扱う保険商品の種類にも関係するため、実際は各社で抱えるリスクの額は異なっている。つまり、その保険会社の全ての契約に対し、変額保険や外貨建て保険等の割合が高い場合は相応のリスクを抱えているケースもあり得るので、外貨建て保険を検討する際には、契約保険会社の取扱い保険商品の種類等も確認しておくのが賢明といえる。

（2）為替リスク

　外貨建て保険が円貨建て保険と異なるリスクとして、契約時と保険金等の受取時の為替レートによっては、最終的な保険契約における差損益に影響が生じる点がある。いわゆる為替リスクである。

　為替リスクによる保険契約における差損益の影響は、次のような関係となる。

契約時＞受取時	**契約時の方が受取時よりも円安（外貨高）の場合** ● 為替差損が生じる ● 外貨ベースで保険差益が出ていても円貨での受取時には為替差損により受取金額を減少させる ● 為替差損額によっては円貨での受取金が払込保険料総額を下回る可能性がある
契約時＜受取時	**契約時よりも受取時の方が円安（外貨高）の場合** ● 為替差益が生じる ● 外貨ベースでの保険差益に加えて円貨での受取時には為替差益により受取金額を増額させる

　このように、外国為替市場における為替レートが、契約時より受取時の方が円安であれば為替差益を享受できるというわけである。

　ただし、保険料の払込時に円貨を外貨に交換、および保険金等の受取時に外貨を円貨に交換する際に、それぞれで為替手数料を負担する必要がある。前述したような外貨建て保険に付帯できる「円換算払込特約」や「円換算支払特約」は、交換の手間を保険会社に委

ねられるため便利だが、その際にも為替手数料の負担が生じる。そのため、為替差損益の判断については、外国為替市場の為替レートにこれらの手数料を加味して損益を判断することが求められる。

なお、為替リスクは、契約保険会社によって大きく変わるものではなく、国際間での経済や政治等の影響、地政学リスク等により日々変動するものであるため、外国為替市場の将来的な変動は、個人で予測できる領域外でもある。

したがって、外貨建て保険を検討する際には、個人ででき得る限りの比較検証をすることが求められる。以下は、為替リスクを完全に防げるわけではないが、その軽減を期待でき得る手段であり、検討する価値はある。

- 予定利率や積立利率の高いものを検討する
  保険会社や保険商品の違いにより、設定利率の多寡は異なる。為替リスク軽減のためには、契約時において極力、運用利回りを得られやすいものを選択する。
- 為替手数料の低いものを検討する
  円換算特約や外国通貨口座の開設等に係る手数料等の多寡は保険会社や適用通貨により異なる。為替リスク軽減のためには、契約時において極力、為替手数料が低いものを選択する。
- 契約後の見直し等で柔軟性の高いものを検討する
  保険金等の受取時期を円安（外貨高）局面まで据え置き延長できるものや、外貨口座開設等の活用により、保険金等をいったん外貨で受け取り、円安（外貨高）局面まで外貨で保有できる措置のある商品には優位性がある。
- 将来の為替予約を指定できる商品を検討する
  保険商品において将来の受取時の為替予約が可能な商品は極めて稀であるが、この特約があれば検討する価値もある。為替予約を付帯できれば、将来の為替レートにかかわらず、受取時のレートをあらかじめ確定することができるので、為替リスクの軽減が可能である。ただし、将来のリスクを金銭で買う行為であるため相応のコストがかかる。なお、外貨建て保険で通常利用されている「円換算払込特約」や「円換算支払特約」は、その時点の為替相場に応じて円貨と外貨とを自動的に交換するだけのものであるため、為替予約をするわけではない。為替リスクの軽減のための機能はないことに留意する必要がある。

理論的には、より円高局面で外貨建て保険に契約し、より円安局面で保険金等の受け取りを迎えるのが理想的といえるが、その局面を適宜判断することは容易でない。実務的な対応策としては、払込保険料が「ドル・コスト平均法」の享受を少しでも受けられるよう、保険料に直接充てるための外貨をコツコツ貯めていくか、保険料一時払い等でなく平準払いの契約を選ぶのが無難といえる。また、保険金・年金・解約返戻金等の受取時に円高（外貨安）局面である場合に、保険金の据え置きなどにより為替差益を得られるタイミングまで円貨受け取りの確定時期をずらせる措置がある商品が望ましい。外貨建て保険を検討する際には、表面的な利率等の多寡だけではなく、受取時までを見越した契約見直し等

の柔軟性のあるものも検討材料にすべきである。

　なお、為替リスクによる将来の受取額の実質的価値の変動は、円貨建て保険の場合でも全く無関係というわけでもない。日本国内の物価が著しく上昇すると、相対的に貨幣の価値は下落する。円貨建ての定額型保険の場合、将来受け取る保険金等は契約時に確定されているため、その実質的な資産価値は手持ちの貨幣と変わりはない。保険がインフレに弱い金融商品と指摘されるゆえんである。日本国内の物価上昇が発生する要因としてはさまざま考えられるが、そのひとつとして、為替レートが異常に円安に動き、輸入物価の上昇等で日本国内のあらゆる物価上昇が誘発されるというシナリオがある。為替リスクによる影響は、外貨建て保険のように直接的ではないが、これが物価変動リスクにおよぶような際には、間接的に円貨建て保険にも影響がおよぶ可能性はある。

❸ 市場価格調整（MVA）のある保険商品の注意点

　「市場価格調整（MVA：Market Value Adjustment）」は、解約返戻金等の受取の際に、市場金利に応じた運用資産の価格変動が解約返戻金等に反映される仕組みである。具体的に、解約時の市場金利が契約時と比較して上昇した場合には、解約返戻金額は減少し、逆に、下落した場合には増加することがある。いわゆる保険商品におけるリスクのうち、「金利変動リスク」に相応する商品性であり、円貨建て保険にもこの機能を付帯する商品はあるが、特に外貨建て保険に付帯することが多いため、その仕組みを理解しておくことは大切といえる。

　保険商品の運用においては、一般的に、各種債券を活用することが多い。通常、債券とは固定金利商品であり、発行時の金利水準において利付債の場合の将来の利金の受取額が決定される。割引債の場合でも発行時における金利水準にて償還時の将来価値を見越しての割引額が決定される。既発後に市場金利が上昇した場合、後から発行される債券の金利条件と比べると既発債は不利であるので、既発債の市場価格は下がる。逆に、金利水準が低下すると相対的に高金利商品である既発債の価値が増し、債券価格が上昇する。

　こうした金利市場リスクを中途解約時等の受取金の算出に適用するのが、MVA機能である。この機能を付帯する保険商品の場合、市場金利の上昇・下落の局面で期待できる受取額の印象と実際の受取額が真逆となるため、注意が必要である。

● 市場金利の変動に伴う解約返戻金等の影響

契約時＜解約時	契約時よりも解約時等の方が金利上昇の場合 ●通常算出額よりも解約返戻金等の額が減る
契約時＞受取時	契約時よりも解約時等の方が金利下落の場合 ●通常産出額よりも解約返戻金等の額が増える

実務上のポイント

- 外貨建て保険の適用通貨は米ドル・豪ドル・ユーロが一般的である。
- 外貨建て保険では、円貨建て保険よりも高い予定利率や積立利率が期待されている。
- 一般的な外貨建て保険は、掛捨て型よりは貯蓄性のある保険商品が多く、具体的には終身保険や個人年金保険が多い。
- 国内で営業する保険会社の扱う保険商品を国内で契約する場合、外貨建て保険に適用される各種法律や保険に関する税制は、円貨建て保険と変わりはない。
- 円換算払込特約とは、外貨の代わりに保険料を円貨で払い込むことのできる特約である。
- 円換算支払特約を付加した場合、保険金等は円貨で受け取れるが、一般的には所定の為替手数料を差し引いた額となる。
- 円換算特約（円換算払込特約、円換算支払特約）は、自動的に所定の手数料を付加して通貨を交換する特約である。利便性は増すが、将来の為替予約を資する内容ではないため、為替リスクを回避することはできない。
- MVA機能のある保険では、将来の金利が上昇すると、中途解約する場合の解約返戻金の見込み額が減少する。

語句索引